Lieblings-
Weihna
plätzchen

AUTORIN: CHRISTINA KEMPE | FOTOGRAF: WOLFGANG SCHARDT

Praxistipps

Extra

Rezepte

8 Buttrig & mürbe

22 Schokoladig & nussig

40 Fruchtig & aromatisch

Das Basis-Know-how fürs Plätzchenbacken

Die wichtigsten Zutaten Mit einer gewissen Grundausstattung an Lebensmitteln können Sie jederzeit ein paar Plätzchen für die Advents- und Weihnachtszeit backen. Dazu gehört auf alle Fälle:

Die Basis – Mehl. Weizenmehl Type 405 (weißes Auszugsmehl) hat einen hohen Kleber- und Stärkegehalt und ist deswegen optimal zum Plätzchenbacken geeignet. Auch gut: Weizenmehl Type 550 oder helles Dinkelmehl Type 650.

Sorgen nicht nur für die Bindung – Eier und Butter. Eigelb macht das Gebäck feinporig, gibt ihm Farbe und sorgt für eine schöne Bräunung, das Eiweiß macht es luftig. Durch die Butter erhalten Teige und Massen ihre Geschmeidigkeit, die Plätzchen werden schön mürbe.

Geben Antrieb: Backpulver lässt den Teig aufgehen und macht die Plätzchen locker. Hirschhornsalz und Pottasche treiben säurehaltige Teige weniger in die Höhe, dafür eher in die Breite und sind deswegen für flaches Gebäck wie Lebkuchen geeignet.

Süße erhalten Plätzchen vor allem durch weißen (Haushalts-)Zucker, den es in verschiedenen Korngrößen zu kaufen gibt: Je feiner der Zucker, desto besser verbindet er sich mit dem Teig. Am feinsten vermahlen ist Puderzucker. Eine leichte Karamellnote, ein paar Mineralstoffe und ein wenig Farbe verleihen brauner Zucker, (Roh-) oder (Voll-)Rohrzucker dem Gebäck. Alternative Süßungsmittel sind beispielsweise Honig oder Zuckerrübensirup.

Zuständig fürs gewisse Etwas: Im Vorrat sollten Mandeln und Nüsse, Rosinen, Schokolade oder Kuvertüre (jeweils Zartbitter, Vollmilch und weiße), Kakaopulver, Vanille- oder Vanillinzucker sein – damit lässt sich schon einiges backen. Vanille (getrocknete, gemahlene Schoten oder die ganze Schote samt Mark), einzelne Gewürze oder fertige Gewürzmischungen möglichst erst kurz vor der Verwendung kaufen, da die Aromen mit der Zeit verfliegen. Zitronat und Orangeat, getrocknete und kandierte Früchte, Marzipanrohmasse, Nugat und Oblaten bei Bedarf kaufen.

Das nötige Handwerkszeug In jeder Küche dürfte es an diversen Kochtöpfen und Pfannen (möglichst auch antihaftbeschichtet) nicht fehlen. Auch große und kleine Messer und Löffel sowie ein Schneebesen, eine Küchenwaage (sehr gut: digital mit Zumessfunktion) gehören dazu. Unterschiedlich große Rührschüsseln (am besten stabile aus Metall für ein Wasserbad, die die Wärme gut weiterleiten), ein Handrührgerät mit Quirlen und Knethaken, Backpinsel, ein Teigschaber und ein Backblech sind ebenfalls meistens vorhanden. Mit dieser Grundausstattung kann man sofort mit dem Backen loslegen. Wer aber sehr viel und gerne bäckt, für den lohnen sich noch folgende Anschaffungen:

Ein zweites Backblech (eventuell größenverstellbar). So kann man, während im Ofen die Plätzchen auf dem ersten Blech backen, bereits aus dem übrigen Teig neue Motive fürs zweite Blech ausstechen. Liegt auf dem Blech Backpapier, haftet das Gebäck nicht an, und es lässt sich mit einem Griff zum Abkühlen auf ein Kuchengitter ziehen. Eine rutschfeste Back-Arbeits-Matte aus silikonbeschichtetem Glasfibergewebe (hitzebeständig bis 250°) ist eine perfekte Alternative zum Backpapier, die gebackenen Kekse lösen sich davon genauso gut. Die Matte kann zudem noch als Arbeitsuntergrund verwendet werden: Auf ihr bleiben etwa Teige oder Marzipan beim Kneten und Ausrollen wegen der glatten Antihaft-Oberfläche nicht kleben.

Ein Nudelholz (Teigrolle) – schön schwer und mit integriertem Kugellager – ist optimal zum Ausrollen von Teigen & Co. Mit einer Palette mit langem elastischem Edelstahlblatt kann man nicht nur Mürbeteigzutaten klein hacken, sondern auch den Teig beim Auswellen immer wieder mal von der Arbeitsfläche abheben, damit er nicht anklebt.

Fast ein Muss: die Küchenmaschine. Mit ihr geht das Schlagen, Rühren und Kneten leichter von der Hand als mit dem Handrührgerät. Zudem kann die Maschine viel länger im Einsatz bleiben und nicht nur Schaum- und Baisermassen gelingen deshalb besonders gut. Und mit einem Elektro-Blitzhacker sind Nüsse im Handumdrehen gemahlen, getrocknete Früchte und Schokolade gehackt.

Die beste Vorgehensweise Alle Kekssorten, die nach dem Backen recht hart sind und erst feucht werden müssen, bevor man sie essen kann (z.B. Aachener Printen, Honiglebkuchen, Basler Leckerli oder Springerle) rechtzeitig backen, damit sie noch Zeit zum Durchziehen haben. Dafür etwas Apfelschale oder ein Apfelstück mit in die gut verschlossenen Dosen packen. Mürbeteig- und Rührteigplätzchen sollten dagegen möglichst frisch in den Ofen geschoben werden, da sie dann richtig schön mürbe bzw. knusprig sind. Liegen sie länger, werden sie feucht und weich. Immer gilt: Jede Plätzchensorte (völlig ausgekühlt!) extra in eine luftdicht zu verschließende Dose aus Kunststoff oder Blech stecken. So behält garantiert jede Sorte ihre Konsistenz und ihr Aroma. Dabei ein Stück Pergament- oder Butterbrotpapier zwischen jede Gebäcklage legen. Die Dosen an einen kühlen, trockenen Ort stellen, sonst trocknet alles trotz guter Umhüllung aus und verliert an Aroma.

Für den Einkauf gilt: Kurz vor und während der Adventszeit gibt es sicherlich alle weihnachtlichen Backzutaten problemlos zu kaufen. Falls Sie doch etwas nicht bekommen sollten, einfach austauschen: etwa Mandeln durch Haselnusskerne, Orangenmarmelade durch Aprikosenkonfitüre, Alkohol durch Obstsäfte, Orangeat oder Zitronat durch getrocknete Aprikosen.

Plätzchenausstecher

Bärentatzenformen und Model

Spritzbeutel und Tüllen

Schön in Form

Zahlreiche Plätzchen bestechen nicht nur durch ihr feines Aroma und ihre Konsistenz, auch durch ihre Optik können sie viel hermachen. Hier gibt es mehr Informationen über die typischsten Formgeber:

Plätzchenausstecher Mittlerweile ist das Angebot so vielfältig, dass man sich kaum zwischen den einzelnen Motiven entscheiden kann – Elche, Bambis, Bären, Schlitten, Blumen, Engel, Schneeflocken, Baumschmuck ... Die Grundausstattung besteht aus Sternen, Herzen und Kreisen mit glattem und gewelltem Rand, teilweise als Terrassenausstecher (dreimal das gleiche Motiv in verschiedenen Größen), der Rest ist Geschmackssache. Ausstecher aus Metall sind stabil, haben eine scharfe Kante und durchtrennen den ausgewellten Teig perfekt. Für Kinder sind eventuell Plastikausstecher mit leicht abgerundeten Kanten besser geeignet. Immer gilt: Wer die in den Rezepten angegebenen Ausstechformen nicht zu Hause hat, nimmt einfach ein anderes Modell. Eine ganz simple und schnelle Alternative ist: Den Teig mit umgedrehten schmalen Gläsern oder Bechern ausstechen.

Bärentatzenformen Die Formen, die an Muscheln erinnern, gibt's einzeln oder als Blech mit mehreren Mulden (auch bekannt unter Madeleine-Form) in verschiedenen Größen zu kaufen. Bei den einzelnen Formen wird ein wenig Teig in die Form gedrückt, wieder herausgelöst und zum Backen auf ein Backblech gelegt. Verwendet man das Tatzenblech, füllt man die Mulden auch mit Teig, muss diesen aber vorm Backen nicht extra wieder herausholen, Blech und Teig kommen zusammen in den Backofen (gut geeignet fürs Sofortbacken, siehe Tipp Seite 32).

Model für Springerle und Spekulatius Diese Holzformen sind vor allem in der Schweiz und in Süddeutschland bekannt. Bereits seit dem Mittelalter wurden dort von Modelstechern anhand von Zeichnungen ausgewählte Motive spiegelbildlich und negativ in kleine Holzstücke geschnitzt. Heute gibt es oftmals benutzerfreundliche Model aus Gießharz oder Spezialwachs zu kaufen, die mit einer Patinafarbe ihr Holzaussehen bekommen. Durch Eindrücken der Model in den ausgewellten Teig, erhalten die Plätzchen ihr typisches Muster.

Spritzbeutel mit Tüllen Um Teigmassen formschön auf das Blech zu bringen (z. B. Spritzgebäck), verwendet man am besten einen Spritzbeutel (auch Dressierbeutel) mit passender Stern- oder Lochtülle. Den Beutel wie die Tüllen gibt es in diversen Größen und aus unterschiedlichen Materialien. Um größere Teigmengen gut aufspritzen zu können, sollte der Beutel nicht zu klein sein (mindestens 30 cm lang), damit er sich gut halten lässt und der Teig nicht herausquillt. Sehr hygienisch sind beschichtete Stoffbeutel, die sich auskochen lassen bzw. in die Spülmaschine dürfen. Schneller Ersatz für den Stoffbeutel: Einweg-Spritzbeutel aus transparenter Plastikfolie einfach von einer Rolle oder einem Block abreißen und die Spitze beliebig abschneiden. Einweg-Spritzbeutel sind mit oder ohne Tülle verwendbar. Um aber eine Zuckerglasur oder geschmolzene Schokolade in zarten Linien auf die Plätzchen zu malen, eignet sich ein kleinerer Dekor-Spritzbeutel aus Pergamyn (fettdichtes Zellulosepapier, der Beutel ist nur einmal zu benützen) oder beschichtetem Spezialgewebe (mehrmals verwendbar) noch besser. Der Beutel ist nicht zu groß, liegt gut in der Hand und lässt sich optimal führen. Die Spitze kann sehr fein abgeschnitten werden.

Günstiger als der gekaufte Dekor-Spritzbeutel und genauso gut ist ein kleiner Spritzbeutel aus der eigenen Küchenwerkstatt:

Spritztüten selbst gemacht

1 Ein 30–40 cm langes Stück Butterbrot- oder Pergamentpapier von der Rolle abschneiden, diagonal falten und am Bruch durchschneiden.

2 Jetzt nacheinander die beiden Papierdreiecke mit der längsten Seite nach links legen. Die untere Ecke des Dreiecks mit der rechten Hand nehmen und damit beginnen, das Papier straff zu einem Kegel einzudrehen. Dabei die Längsseiten-Mitte mit einem Finger der linken Hand fixieren, sodass sich dort die Spitze des Kegels bildet.

3 Das außen liegende Papierende mit einem Stück Tesafilm festkleben. Die Tüte befüllen, an der Spitze eine kleine Ecke abschneiden. Fertig!

WICHTIG

Das Butterbrot- oder Pergamentpapier darf keinesfalls zu dünn sein, da es sonst ganz schnell von der Zuckerglasur oder der geschmolzenen Schokolade durchtränkt wird. Dann ist die Spritztüte nicht mehr stabil und lässt sich schlecht führen.

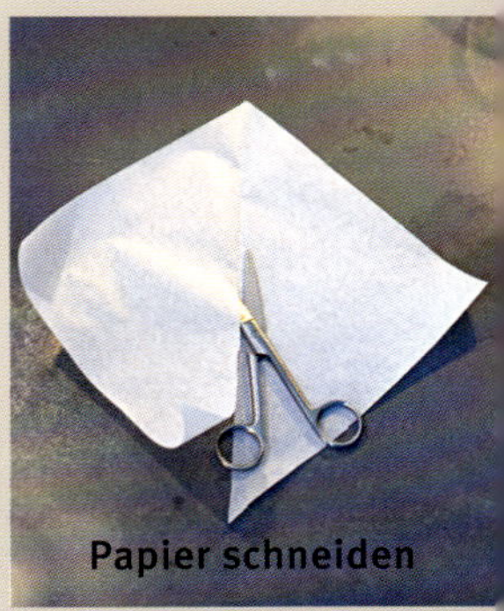

Papier schneiden

Kegel drehen

Enden fixieren

Buttrig & mürbe

Sie lieben Weihnachtsplätzchen, die Biss für Biss fast schon auf der Zunge zergehen? Dann sind Sie hier genau richtig: Reichlich Butter im Teig macht's möglich. Sind dann noch Gewürze oder Schokolade, Konfitüre oder feinster Zucker mit im Spiel, kann mit Sicherheit keiner mehr widerstehen.

Shortbread

300 g Mehl
2 gehäufte EL Speisestärke
1 TL Backpulver
200 g weiche Butter
100 g feinster Zucker
1 Pck. Vanillezucker
½ TL Salz
grober Zucker zum Bestreuen

Für ca. 30 Stück | 20 Min. Zubereitung
1 Std. Kühlen | 18 Min. Backen
Pro Stück ca. 105 kcal, 1 g EW, 6 g F, 12 g KH

1 Das Mehl mit der Stärke und dem Backpulver vermischen. Die Butter mit feinstem Zucker, Vanillezucker und Salz mit den Quirlen des Handrührgeräts cremig rühren. Die Hälfte der Mehlmischung dazugeben und unterrühren, dann die übrige Mehlmischung rasch mit den Händen unterkneten.

2 Den Teig auf einer bemehlten Arbeitsfläche zu einem ca. 1,5 cm hohen Rechteck (ca. 12 x 32 cm) mit möglichst geraden Rändern ausrollen. Das Teigrechteck in 2 x 6 cm große Stangen schneiden und diese auf ein Brett legen, mit einer Gabel mehrmals einstechen und 1 Std. im Kühlschrank ruhen lassen.

3 Den Backofen auf 180° (Umluft 160°) vorheizen, das Backblech mit Backpapier auslegen. Die Teigstangen auf das Blech legen und im Ofen (Mitte) in ca. 18 Min. hell backen. Herausnehmen und sofort mit etwas grobem Zucker bestreuen. Auf einem Kuchengitter auskühlen lassen.

TIPP – ERST BACKEN, DANN SCHNEIDEN?
Beim Backen laufen die Teigstangen etwas auseinander. Wer lieber ganz gerade Kanten mag, schiebt einfach das ausgerollte und eingestochene Teigrechteck in den Ofen und schneidet es erst nach dem Backen in Stangen.

erfreuen nicht nur Kinderherzen | zum Ausstechen

Butterplätzchen

Einfach immer gut: simple Kekse aus gehaltvollem Mürbeteig, mit etwas Zitronenschale für eine leicht frische Note. Perfekt zum pur Essen und besonders attraktiv mit Deko.

300 g Mehl
200 g kalte Butter
100 g Zucker | 1 Ei (M)
1 Prise Salz
1 TL fein abgeriebene Schale von 1 Bio-Zitrone
etwa 150 g Puderzucker
1 Eiweiß (M)
Ausstecher (z. B. Schneemann)

Für ca. 70 Stück | 50 Min. Zubereitung
1 Std. Kühlen | 13 Min. Backen pro Blech
Pro Stück ca. 50 kcal, 1 g EW, 3 g F, 7 g KH

1 Das Mehl auf die Arbeitsfläche häufen, in die Mitte eine Mulde drücken. Am Rand die Butter in kleinen Flöckchen und den Zucker verteilen. Ei, Salz und Zitronenschale in die Mulde geben.

2 Mit einer Palette oder einem großen Messer alles gut durchhacken, sodass Butter und Ei gleichmäßig verteilt werden. Dann mit den Händen zuerst zu Bröseln reiben, anschließend rasch zu einem glatten Mürbeteig verkneten. In Frischhaltefolie wickeln und ca. 1 Std. in den Kühlschrank legen.

3 Den Backofen auf 180° (Umluft 160°) vorheizen, Backblech mit Backpapier auslegen. Den Teig portionsweise auf einer leicht bemehlten Arbeitsfläche ca. 5 mm dick ausrollen. Mit Ausstechern Schneemänner ausstechen, nach und nach auf das Blech legen und im Ofen (Mitte) in 12–13 Min. goldgelb backen. Auf einem Kuchengitter auskühlen lassen.

4 Puderzucker und Eiweiß mit den Quirlen des Handrührgeräts zu einem weißen, dicklichen Guss schlagen. In einen kleinen Dekor-Spritzbeutel oder in eine selbst gemachte Spritztüte (siehe Seite 7) füllen und gut verschließen.

5 Von dem Spritzbeutel oder der Spritztüte an der Spitze eine winzige Ecke abschneiden und die Schneemänner mit dem weißen Guss ganz nach Belieben verzieren: etwa nur umranden oder einen Hut, Arme und ein Gesicht aufmalen.

DEKO-TIPPS

Zum richtigen Hingucker werden die Schneemänner, wenn sie zusätzlich zu den Zuckergusslinien noch »angezogen« werden. Dafür 200–300 g Marzipanrohmasse mit Lebensmittelfarbe in verschiedenen Tönen einfärben und daraus Augen, eine Möhre als Nase, kleine Knöpfe und einen Schal formen. Alles mit wenig Zuckerguss »ankleben«. Wer möchte, kann die Plätzchen noch teilweise dünn mit Eiweiß einpinseln und weißen (Dekor-)Zucker als Schnee aufstreuen. So eignen sich die Schneemänner sogar als Christbaumschmuck – vielleicht sogar mit kleinen Besen (dünne, feine Zweigchen als Borsten zusammenfassen, einen Stiel dazustecken und alles zusammenbinden) in den Händen.

VARIANTE – MIT KAKAO

Wer gerne dunkle Butterplätzchen ausstechen möchte, mischt einfach 2–4 TL Kakaopulver unter das Mehl und verarbeitet dann alle Teigzutaten wie beschrieben zu einem Mürbeteig. Zitronenschale eventuell weglassen.

hochgestapelt | zum Ausstechen

Lemon-Curd-Terrassen

250 g Mehl | 1 Eigelb (M)
1 Prise Salz | 150 g kalte Butter
70 g Puderzucker | 1 Pck. Vanillezucker
200 g Lemon-Curd (aus dem Glas)
2 ganz leicht gehäufte TL Speisestärke
Puderzucker zum Bestäuben
Terrassenaustecher in Sternform

Für ca. 35 Stück | 50 Min. Zubereitung
1 Std. Kühlen | 10 Min. Backen pro Blech
Pro Stück ca. 90 kcal, 1 g EW, 4 g F, 11 g KH

1 Mehl auf die Arbeitsfläche häufen, in die Mitte eine Mulde drücken, Eigelb und Salz hineingeben. Am Rand die Butter in Flöckchen, Puderzucker und Vanillezucker verteilen. Alles gut durchhacken und rasch zu einem glatten Mürbeteig verkneten. In Folie wickeln und ca. 1 Std. in den Kühlschrank legen.

2 Den Backofen auf 180° (Umluft 160°) vorheizen, Backblech mit Backpapier auslegen. Teig auf einer leicht bemehlten Arbeitsfläche 2–3 mm dick ausrollen. Mit Terrassenausstechern in Sternform Plätzchen in dreierlei Größen ausstechen – in gleicher Anzahl. Alle Plätzchen nach und nach aufs Blech legen und im Ofen (Mitte) in 8–10 Min. goldgelb backen. Auf einem Kuchengitter auskühlen lassen.

3 Inzwischen Lemon-Curd und Speisestärke in einem kleinen Topf mit dem Schneebesen glatt verrühren, aufkochen und ein wenig abkühlen lassen. Dann mit einem Teelöffel jeweils etwas Lemon-Curd auf den großen und mittleren Plätzchen verteilen und je 1 mittleres auf ein großes Plätzchen setzen. Die kleinen Sterne obendrauf legen und leicht andrücken. Fein mit Puderzucker bestäuben.

gestreifter Blickfang

Schwarz-Weiß-Gebäck

50 g Zartbitterschokolade
1 gestrichener TL Kakaopulver
1 Ei (M) | 250 g Mehl
1 Prise Salz | 1 EL weißer Rum
150 g kalte Butter | 100 g Zucker

Für ca. 45 Stück | 30 Min. Zubereitung
2 Std. Kühlen | 10 Min. Backen pro Blech
Pro Stück ca. 60 kcal, 1 g EW, 3 g F, 7 g KH

1 Schokolade fein raspeln und mit Kakaopulver mischen. Das Ei trennen. Mehl auf die Arbeitsfläche häufen und in die Mitte eine Mulde drücken, Eigelb, Salz und Rum hineingeben. Am Rand die Butter in Flöckchen und den Zucker verteilen. Alles gut durchhacken, rasch zu einem Mürbeteig verkneten. Teig halbieren, eine Hälfte mit Schokolade verkneten.

2 Den hellen und dunklen Teig auf einer leicht bemehlten Arbeitsfläche jeweils zu einem ca. 5 mm dicken Rechteck (15 x 25 cm) mit möglichst geraden Kanten ausrollen. Ein Teigrechteck dünn mit Eiweiß einpinseln, das zweite Rechteck darauflegen. Die Teigplatte längs in ca. 3 cm breite Streifen schneiden. Jeden Streifen mit Eiweiß einpinseln und die Streifen so aufeinandersetzen, dass ein hoher, schmaler Turm entsteht, bei dem sich helle und dunkle Teiglinien abwechseln. In Frischhaltefolie wickeln und ca. 2 Std. in den Kühlschrank legen.

3 Den Backofen auf 180° (Umluft 160°) vorheizen, Backblech mit Backpapier auslegen. Den Teigturm mit einem Messer quer in ca. 5 mm dicke Rechtecke schneiden, nach und nach aufs Blech legen und im Ofen (Mitte) in 8–10 Min. goldgelb backen. Auf einem Kuchengitter auskühlen lassen.

links: Schwarz-Weiß-Gebäck | rechts: Lemon-Curd-Terrassen

Traum in Weiß | zum Ausstechen

Schneeflocken

1 Ei (M) | 200 g Mehl
1 Prise Salz
2 EL frisch gepresster Zitronensaft
100 g kalte Butter | 150 g Puderzucker
Ausstecher (z. B. Schneeflocken)

Für ca. 40 Stück | ⌚ 50 Min. Zubereitung
12 Min. Backen pro Blech
Pro Stück ca. 50 kcal, 1 g EW, 2 g F, 7 g KH

1 Das Ei trennen. Das Mehl auf die Arbeitsfläche häufen und in die Mitte eine Mulde drücken, Eigelb, Salz und 1 EL Zitronensaft hineingeben. Am Rand die Butter in Flöckchen und 50 g Puderzucker verteilen. Alles gut durchhacken und rasch zu einem glatten Mürbeteig verkneten.

2 Den Backofen auf 180° (Umluft 160°) vorheizen, Backblech mit Backpapier auslegen. Den Teig auf einer leicht bemehlten Arbeitsfläche 3–4 mm dick ausrollen. Mit einem Ausstecher Schneeflocken ausstechen, aufs Blech legen und im Ofen (Mitte) in 10–12 Min. goldgelb backen. Auskühlen lassen.

3 Übrigen Puderzucker und Eiweiß mit den Quirlen des Handrührgeräts zu einem weißen, dicklichen Guss schlagen. 2 EL abnehmen und mit restlichem Zitronensaft verrühren, übrigen Guss gut abdecken. Den Zitronenguss dünn auf die Plätzchen pinseln und trocknen lassen.

4 Übrigen Guss in einen Dekor-Spritzbeutel oder in eine selbst gemachte Spritztüte (siehe Seite 7) füllen, verschließen. Von der Spitze eine winzige Ecke abschneiden und die Schneeflocken mit dem Guss hübsch verzieren.

Schwedisches für Zimtliebhaber

Julkuchen

1 Ei (M) | 200 g Mehl
¼ TL Backpulver
1 Prise Salz
120 g kalte Butter
3 Pck. Vanillezucker
50 g (Roh-)Rohrzucker
1 TL Zimtpulver

Für ca. 40 Stück | ⌚ 20 Min. Zubereitung
1 Std. Kühlen | 10 Min. Backen pro Blech
Pro Stück ca. 50 kcal, 1 g EW, 3 g F, 5 g KH

1 Das Ei trennen. Das Mehl mit dem Backpulver vermischen und auf die Arbeitsfläche häufen, in die Mitte eine Mulde drücken. Eigelb und Salz in die Mulde geben, am Rand die Butter in Flöckchen und den Vanillezucker verteilen. Alles gut durchhacken und rasch zu einem glatten Mürbeteig verkneten. Den Teig zu einer Rolle (ca. 4 cm ∅) formen, in Folie wickeln und ca. 1 Std. in den Kühlschrank legen.

2 Den Backofen auf 180° (Umluft 160°) vorheizen, Backblech mit Backpapier auslegen. Rohrzucker mit Zimtpulver vermischen. Die Teigrolle mit dem Messer in ca. 5 mm dicke Scheiben schneiden. Die Teigkreise nach und nach aufs Blech legen, mit Eiweiß dünn bespinseln, mit Zimtzucker bestreuen und im Ofen (Mitte) in 8–10 Min. goldgelb backen. Auf einem Kuchengitter auskühlen lassen.

TIPP – JULKUCHEN MIT AUSSTECHERN

Natürlich kann man genauso gut den gekühlten Teig auf einer leicht bemehlten Arbeitsfläche ca. 5 mm dick ausrollen, Plätzchen in beliebigen Formen ausstechen, mit Zimtzucker bestreuen und backen.

links: Schneeflocken | rechts: Julkuchen

Präsent der anderen Art | zum Ausstechen

Marzipanpäckchen

350 g Marzipanrohmasse
200 g Mehl | 150 g kalte Butter
50 g Zucker | 1 Prise Salz
1 Eigelb (M) | Puderzucker zum Ausrollen
Ausstecher (z. B. Geschenkpäckchen)

Für ca. 80 Stück | 40 Min. Zubereitung
1 Std. 30 Min. Kühlen | 10 Min. Backen pro Blech
Pro Stück ca. 45 kcal, 1 g EW, 2 g F, 6 g KH

1 100 g Marzipanrohmasse 20–30 Min. ins Tiefkühlfach legen, dann auf der Küchenreibe fein reiben. Mit Mehl vermischen und auf die Arbeitsfläche häufen. Die Butter in Flöckchen, den Zucker und das Salz darauf verteilen. Alles gut durchhacken und rasch zu einem glatten Mürbeteig verkneten. In Folie wickeln, ca. 1 Std. in den Kühlschrank legen.

2 Den Backofen auf 180° (Umluft 160°) vorheizen, Backblech mit Backpapier auslegen. Die restliche Marzipanrohmasse auf einer mit Puderzucker bestäubten Arbeitsfläche hauchdünn ausrollen und mit einem Ausstecher Geschenkpäckchen ausstechen. Den Teig auf einer leicht bemehlten Arbeitsfläche 3–4 mm dick ausrollen und daraus ebenfalls Geschenkpäckchen ausstechen.

3 Die Teigpäckchen aufs Blech legen, dünn mit Eigelb bepinseln, Marzipanpäcken darauflegen und die Plätzchen im Ofen (Mitte) in 8–10 Min. goldgelb backen. Auf einem Kuchengitter auskühlen lassen.

DEKO-TIPP

Fast wie echt – Marzipan mit Lebensmittelfarbe bunt einfärben, zu dünnen Bändern und Kordeln formen und um die Päckchen wickeln, eventuell Schleifen binden.

zum Stippen gut

Sandgebäck

200 g Mehl
½ TL Backpulver
150 g kalte Butter
100 g Puderzucker
1 Prise Salz
Puderzucker zum Bestäuben (nach Belieben)

Für ca. 60 Stück | 20 Min. Zubereitung
15 Min. Backen pro Blech
Pro Stück ca. 40 kcal, 0 g EW, 2 g F, 4 g KH

1 Den Backofen auf 180° (Umluft 160°) vorheizen, Backblech mit Backpapier auslegen. Das Mehl mit dem Backpulver vermischen und auf die Arbeitsfläche häufen. Die Butter in Flöckchen, Puderzucker und Salz darüber verteilen. Alles gut durchhacken und rasch zu einem glatten Mürbeteig verkneten.

2 Den Teig auf dem Blech zu einem ca. 8 mm dicken Rechteck (ca. 18 x 26 cm) mit möglichst geraden Kanten ausrollen. Die Teigplatte im Ofen (Mitte) in 12–15 Min. goldgelb backen.

3 Dann das gebackene Rechteck sofort noch heiß in ca. 3 cm große Quadrate schneiden. Auf dem Blech auskühlen lassen. Nach Belieben mit etwas Puderzucker bestäuben.

AROMA-VARIANTEN

Wer möchte, kann diesem ganz einfachen Gebäck eine besondere Note geben: etwa 1 TL Zimtpulver und das Mark von 1 Vanilleschote oder 50–100 g sehr fein gehacktes Zitronat/Orangeat oder kandierte Früchte mit unter den Teig arbeiten.

links: Sandgebäck | rechts: Marzipanpäckchen

gehören in jede Plätzchendose

Vanillekipferl

Wer kennt sie nicht, diese leicht zerbrechlichen Kekse in Hörnchenform – mit einem unglaublichen Vanillearoma! Hier extragut – mit besonders viel Vanillemark.

4 (Bourbon) Vanilleschoten
100 g gehäutete gemahlene Mandeln
150 g Mehl | 150 g kalte Butter
50 g feinster Zucker
1 Prise Salz
1 Pck. Bourbon Vanillezucker
3 gehäufte EL Puderzucker

Für ca. 50 Stück | 30 Min. Zubereitung
1 Std. Kühlen | 20 Min. Backen pro Blech
Pro Stück ca. 50 kcal, 1 g EW, 4 g F, 4 g KH

1 Vanilleschoten längs aufschlitzen und das Mark mit einem kleinen Messer herauskratzen. Vanillemark mit den Mandeln vermischen, dabei zwischen den Händen verreiben und das Mark gut verteilen.

2 Mehl und Mandeln auf die Arbeitsfläche häufen. Die Butter in Flöckchen schneiden, mit Zucker und Salz auf Mehl und Mandeln verteilen. Alles mit einer Palette oder einem großen Messer gut durchhacken und rasch zu einem Mürbeteig verkneten. Den Teig zu zwei Rollen (ca. 3 cm ∅) formen, in Folie wickeln, ca. 1 Std. in den Kühlschrank legen.

3 Den Backofen auf 150° vorheizen, Backblech mit Backpapier auslegen. Die Teigrollen nach und nach in ca. 1 cm dicke Stücke teilen (Bild 1) und zu kleinfingerdicken und 6–7 cm langen Würsten formen, die am Ende spitz zulaufen. Auf das Blech legen und zu Hörnchen biegen (Bild 2). Im Ofen (Mitte, Umluft 140°) in ca. 20 Min. hell backen.

4 Vanillezucker mit Puderzucker in einer kleinen Schüssel vermischen. Die Kipferl aus dem Ofen nehmen, kurz ruhen lassen und dann leicht abgekühlt vorsichtig im Zucker wälzen. Auf einem Kuchengitter auskühlen lassen.

VARIANTE – ESPRESSO-PEKANNUSS-KIPFERL

Für ca. 50 Stück 1–2 EL Kaffeebohnen im Mörser nicht zu fein zerstoßen. 100 g Pekannusskerne im Blitzhacker fein zerkleinern. Beides mischen und mit 150 g Mehl, 120 g kalter Butter in Flöckchen, 50 g feinstem Zucker und 1 Prise Salz gut durchhacken und rasch zu einem Mürbeteig verkneten. Zu Rollen formen, ca. 1 Std. kühlen. Dann zu Kipferln formen und backen. Aus dem Ofen nehmen und mit Puderzucker bestäuben.

VARIANTE – KOKOS-ZITRONENGRAS-KIPFERL

Für ca. 50 Stück 1 Stängel Zitronengras waschen, putzen und sehr fein hacken, mit 100 g Kokosraspeln und 150 g Mehl mischen. Mit 150 g kalter Butter in Flöckchen, 50 g feinstem Zucker und 1 Prise Salz gut durchhacken und rasch zu einem Mürbeteig verkneten. Zu Rollen formen, ca. 1 Std. kühlen. Dann zu Kipferln formen und backen. Aus dem Ofen nehmen und mit Puderzucker bestäuben.

GUT ZU WISSEN

Vanilleschoten haben ihren Preis, vor allem, wenn sie von guter Qualität sind. Wer nicht so viel ausgeben möchte, nimmt einfach günstigeres, künstlich hergestelltes Vanillearoma. Davon dann 1 Päckchen oder 1–2 TL unter den Teig kneten.

1

2

extrazart

Heidesand

150 g weiche Butter
150 g Mehl
50 g gemahlene Mandeln
80 g feinster Zucker
1 Prise Salz

Für ca. 40 Stück | 20 Min. Zubereitung
20 Min. Backen pro Blech
Pro Stück ca. 60 kcal, 1 g EW, 4 g F, 5 g KH

1 Butter in einem kleinen Topf bei mittlerer Hitze schmelzen und goldbraun werden lassen. In eine Rührschüssel umfüllen, völlig auskühlen lassen. Den Backofen auf 150° (Umluft 140°) vorheizen, das Backblech mit Backpapier auslegen. Das Mehl mit den Mandeln vermischen.

2 50 g Zucker und das Salz zur Butter geben und alles mit den Quirlen des Handrührgeräts cremig schlagen. Mehl-Mandel-Mischung auf einmal dazugeben und rasch unterarbeiten, bis kleine Teigstreusel entstehen.

3 Nach und nach die Teigstreusel mit den Händen zügig zu kleinen Kugeln (ca. 2 cm ∅) formen, diese auf das Blech setzen und etwas flach drücken. Im Ofen (Mitte) in ca. 20 Min. hell backen. Dann die Plätzchen sofort noch heiß vorsichtig in den restlichen Zucker drücken und darin wenden. Auf einem Kuchengitter auskühlen lassen.

SPEED-TIPP

Schneller geht's, wenn man die Butter nicht erst bräunt und dann mit Zucker und Salz cremig schlägt, sondern nur schön weich verarbeitet.

schnell & einfach

Spritzgebäck

150 g Mehl | 50 g Speisestärke
100 g weiche Butter
80 g Zucker | 1 Pck. Bourbon Vanillezucker
fein abgeriebene Schale von 1 Bio-Zitrone
1 Prise Salz
1 zimmerwarmes Ei (M)
1 zimmerwarmes Eigelb (M)
Puderzucker zum Bestäuben (nach Belieben)
Spritzbeutel | Sterntülle (10 mm ∅)

Für ca. 40 Stück | 15 Min. Zubereitung
12 Min. Backen pro Blech
Pro Stück ca. 50 kcal, 1 g EW, 2 g F, 6 g KH

1 Den Backofen auf 180° (Umluft 160°) vorheizen, das Backblech mit Backpapier auslegen. Das Mehl mit der Speisestärke vermischen.

2 Die Butter mit Zucker, Vanillezucker, Zitronenschale und Salz mit den Quirlen des Handrührgeräts cremig schlagen. Dann das Ei und das Eigelb unterschlagen. Zum Schluss die Mehlmischung auf einmal dazugeben und rasch unterarbeiten.

3 Den Teig in einen Spritzbeutel mit Sterntülle füllen. Nach und nach den Teig als kleine »S« aufs Blech spritzen. Im Ofen (Mitte) in 10–12 Min. goldgelb backen. Das Gebäck noch heiß nach Belieben mit Puderzucker bestäuben. Auf einem Kuchengitter auskühlen lassen.

DEKO-TIPP

Sieht nicht nur gut aus: 50 g geschmolzene Zartbitter- oder Vollmilchschokolade mit einem Löffel in feinen Linien über die Plätzchen laufen lassen.

oben: Heidesand | unten: Spritzgebäck

Schokoladig & nussig

Für viele ein Muss: feinste Schokolade in oder auf den Plätzchen. Für andere gehören reichlich Haselnüsse, Mandeln oder Pinienkerne unbedingt mit dazu. Was, wenn jetzt beides kombiniert wird? Ganz einfach: Probieren Sie einmal die Wespennester ... und Sie wollen nichts anderes mehr.

Wespennester

200 g Mandelstifte
150 g Puderzucker
100 g Zartbitterschokolade
2 Eiweiß (M) | 1 Prise Salz
½ TL Zimtpulver
2 Prisen gemahlenes Kardamom

Für ca. 40 Stück | 25 Min. Zubereitung
15 Min. Backen pro Blech
Pro Stück ca. 60 kcal, 1 g EW, 3 g F, 1 g KH

1 Die Mandelstifte in einer großen Pfanne ohne Fett bei mittlerer Hitze goldgelb rösten. Mit 3 EL Puderzucker bestäuben und karamellisieren lassen. Auf einem großen Stück Backpapier gleichmäßig verteilen und auskühlen lassen.

2 Den Backofen auf 150° (Umluft 140°) vorheizen, Backblech mit Backpapier auslegen. Die Schokolade fein reiben. Die Eiweiße und das Salz mit den Quirlen der Küchenmaschine oder des Handrührgeräts steif schlagen. Nach und nach übrigen Puderzucker, Zimtpulver und Kardamom dazugeben und alles zu einem dickschaumigen Baiser aufschlagen. Die Mandeln und die Schokolade mit dem Teigspatel rasch und gleichmäßig unterheben.

3 Mithilfe von zwei Teelöffeln nach und nach etwas Baiser-Mandel-Masse abnehmen und in kleinen Häufchen mit etwas Abstand aufs Blech setzen. Im Ofen (Mitte) ca. 15 Min. backen. Auf einem Kuchengitter auskühlen lassen.

TIPP – SCHOKOLADE REIBEN

Am besten geht das mit der Küchenmaschine samt entsprechendem Aufsatz, die die Schokolade schnell fein zerkleinert, bevor sie zu schmelzen beginnt. Ersatz: die Küchenreibe. Wer sie benutzt, sollte die Schokolade vor dem Reiben unbedingt gut kühlen.

doppelt hält besser | zum Ausstechen

Linzer Plätzchen

150 g Mehl | 100 g gemahlene Haselnüsse
50 g gemahlene Mandeln
¼ TL Backpulver | 2 Prisen Zimtpulver
je 1 Prise gemahlene Nelken, gemahlenes Kardamom und frisch geriebene Muskatnuss
150 g weiche Butter | 50 g feinster Zucker
1 Prise Salz | 1 zimmerwarmes Ei (M)
150 g rotes Johannisbeergelee
Puderzucker zum Bestäuben
Ausstecher (z. B. Herzen)

Für ca. 60 Stück | 50 Min. Zubereitung
2 Std. Kühlen | 8 Min. Backen pro Blech
Pro Stück ca. 55 kcal, 1 g EW, 4 g F, 5 g KH

1 Mehl, Haselnüsse, Mandeln, Backpulver und Gewürze vermischen. Butter, Zucker und Salz mit den Quirlen des Handrührgeräts cremig schlagen, dann das Ei unterschlagen. Zum Schluss die Mehlmischung auf einmal dazugeben und rasch unterarbeiten. Teig in Folie wickeln, ca. 2 Std. kühlen.

2 Den Backofen auf 180° (Umluft 160°) vorheizen, Backblech mit Backpapier auslegen. Den Teig auf einer leicht bemehlten Arbeitsfläche ca. 3 mm dick ausrollen. Mit einem Ausstecher Herzen ausstechen, nach und nach aufs Blech legen und im Ofen (Mitte) in ca. 8 Min. goldgelb backen.

3 Kurz vor dem Ende der Backzeit das Johannisbeergelee in einem kleinen Topf leicht erwärmen. Das Gelee mit einem Teelöffel auf der Hälfte der noch warmen Plätzchen verteilen. Übrige Plätzchen darauflegen, mit etwas Puderzucker bestäuben. Auf einem Kuchengitter auskühlen lassen.

zum Reinbeißen süß

Nugat-Elche

300 g Nussnugat | 200 g Mehl
1 Eigelb (M) | 1 Prise Salz
100 g kalte Butter | 50 g Zucker
Ausstecher (z. B. Elchköpfe)

Für ca. 35 Stück | 1 Std. Zubereitung
45 Min. Kühlen | 8 Min. Backen pro Blech
Pro Stück ca. 90 kcal, 1 g EW, 5 g F, 10 g KH

1 100 g Nussnugat 10–15 Min. ins Tiefkühlfach legen und gut kalt werden lassen. Dann auf der Küchenreibe fein reiben. Mit dem Mehl vermischen und auf die Arbeitsfläche häufen, in die Mitte eine Mulde drücken. Das Eigelb und Salz in die Mulde geben, am Rand die Butter in Flöckchen und den Zucker verteilen. Alles gut durchhacken und rasch zu einem glatten Mürbeteig verkneten. Den Teig in Folie wickeln, ca. 30 Min. in den Kühlschrank legen.

2 Den Backofen auf 180° (Umluft 160°) vorheizen, Backblech mit Backpapier auslegen. Den Teig auf einer leicht bemehlten Arbeitsfläche ca. 3 mm dick ausrollen. Mit einem Ausstecher Elchköpfe ausstechen, aufs Blech legen. Im Ofen (Mitte) in 6–8 Min. goldgelb backen. Auskühlen lassen.

3 Restliches Nugat hacken und bei kleiner Hitze schmelzen lassen. Die Hälfte davon mit einem Teelöffel auf der Hälfte der Plätzchen verteilen, dann die übrigen Plätzchen darauflegen.

4 Übriges geschmolzenes Nugat in einen Dekor-Spritzbeutel oder eine selbst gemachte Spritztüte (siehe Seite 7) füllen, verschließen. Von der Spitze eine winzige Ecke abschneiden. Mit dem Nugat den Elchen ein Gesicht und Geweih »aufmalen«.

oben: Linzer Plätzchen | unten: Nugat-Elche

Stück für Stück ein Hochgenuss

Husarenkrapferl

200 g Mehl | 100 g gemahlene Mandeln
1 Vanilleschote | 150 g weiche Butter
100 g Zucker | 1 Prise Salz
2 zimmerwarme Eigelb (M)
150 g Himbeerkonfitüre

Für ca. 45 Stück | 35 Min. Zubereitung
1 Std. Kühlen | 20 Min. Backen pro Blech
Pro Stück ca. 70 kcal, 1 g EW, 4 g F, 7 g KH

1 Mehl und Mandeln vermischen. Vanilleschote längs aufschlitzen und das Mark mit einem kleinen Messer herauskratzen. Das Vanillemark mit Butter, Zucker und Salz mit den Quirlen des Handrührgeräts cremig schlagen, dann Eigelbe unterschlagen. Die Mehlmischung auf einmal dazugeben und rasch unterarbeiten, bis Teigstreusel entstehen. Mit den Händen rasch verkneten, den Teig in Frischhaltefolie wickeln, ca. 1 Std. in den Kühlschrank legen.

2 Den Backofen auf 160° (Umluft 140°) vorheizen, das Backblech mit Backpapier auslegen. Die Konfitüre in einem kleinen Topf erhitzen und durch ein Sieb streichen, um die Kernchen zu entfernen.

3 Den Teig vierteln, jeweils zu Rollen (ca. 2 cm ∅) formen und in ca. 2,5 cm breite Stücke schneiden. Daraus Kugeln formen, aufs Blech setzen, in der Mitte mit einem Kochlöffelstiel vorsichtig ein Loch eindrücken und die Konfitüre einfüllen. Die Krapferl im Ofen (Mitte) in ca. 20 Min. goldgelb backen. Auf einem Kuchengitter auskühlen lassen.

TIPP – MIT KONFITÜRE FÜLLEN

Dazu die Konfitüre in einen kleinen Gefrierbeutel füllen und an einer Spitze eine kleine Ecke abschneiden.

himmlische Wonne | zum Ausstechen

Walnuss-Schoko-Monde

150 g Walnusskerne
100 g Mehl | 1 Ei (M)
1 Prise Salz | 50 g kalte Butter
50 g Zucker | 1 Pck. Vanillezucker
100 g Schokolade (Zarbitter oder Vollmilch oder beides gemischt) | Ausstecher (z. B. Monde)

Für ca. 45 Stück | 1 Std. Zubereitung
2 Std. Kühlen | 10 Min. Backen pro Blech
Pro Stück ca. 60 kcal, 1 g EW, 4 g F, 4 g KH

1 Die Walnusskerne im Blitzhacker sehr fein zerkleinern, mit dem Mehl vermischen und auf die Arbeitsfläche häufen, in die Mitte eine Mulde drücken. Das Ei und Salz in die Mulde geben, am Rand Butter in Flöckchen, Zucker und Vanillezucker verteilen. Alles gut durchhacken und rasch zu einem glatten Mürbeteig verkneten. Den Teig in Frischhaltefolie wickeln, ca. 2 Std. in den Kühlschrank legen.

2 Den Backofen auf 180° (Umluft 160°) vorheizen, Backblech mit Backpapier auslegen. Den Teig auf einer leicht bemehlten Arbeitsfläche ca. 5 mm dick ausrollen. Mit einem Ausstecher Monde ausstechen, nach und nach aufs Blech legen und im Ofen (Mitte) in 8–10 Min. goldgelb backen. Auf einem Kuchengitter auskühlen lassen.

3 Schokolade fein hacken, in eine kleine Schüssel geben und über dem heißen Wasserbad schmelzen lassen. Dann in einen Dekor-Spritzbeutel oder eine selbst gemachte Spritztüte (siehe Seite 7) füllen, verschließen. Von der Spitze eine winzige Ecke abschneiden und die Walnussmonde mit der Schokolade in feinen Linien verzieren.

links: Husarenkrapferl | rechts: Walnuss-Schoko-Monde

italienischer Geheimtipp

Pinienseufzer

½ Bio-Zitrone
150 g gehäutete gemahlene Mandeln
150 g feinster Zucker
100 g Pinienkerne
2 Eiweiß (M)
1 Prise Salz
Puderzucker zum Bestäuben (nach Belieben)

Für ca. 35 Stück | ⌚ 15 Min. Zubereitung
18 Min. Backen pro Blech
Pro Stück ca. 60 kcal, 1 g EW, 4 g F, 5 g KH

1 Den Backofen auf 160° (Umluft 140°) vorheizen, Backblech mit Backpapier auslegen. Zitrone heiß waschen und abtrocknen, 1 TL Schale fein abreiben und 1 TL Saft auspressen. Mandeln mit Zitronenschale, Zucker und Pinienkernen vermischen.

2 Die Eiweiße und das Salz mit den Quirlen des Handrührgeräts zu einem feinporigen, weißen Schaum schlagen, zum Schluss den Zitronensaft dazugeben. Die Mandel-Pinienkern-Mischung mit einem Teigspatel rasch untermengen.

3 Mithilfe von zwei Teelöffeln nach und nach etwas Mandel-Pinienkern-Masse abnehmen und in kleinen Häufchen mit etwas Abstand aufs Blech setzen. Im Ofen (Mitte) in 16–18 Min. goldgelb backen. Auf einem Kuchengitter auskühlen lassen. Nach Belieben mit etwas Puderzucker bestäuben.

Nussigsüßes aus Italy

Panforte-Würfel

300 g gemischte Nüsse (Mandeln, Hasel- und Macadamianüsse) | 50 g Pistazienkerne
250 g kandierte Früchte (z. B. Kirschen, Feigen, Aprikosen, Orangen)
½ TL Zimtpulver | ½ TL gemahlener Ingwer
¼ TL gemahlener Koriander
1 Prise frisch geriebene Muskatnuss
2 leicht gehäufte EL Mehl
2 eckige Oblaten (120 x 200 mm)
150 g feinster Zucker | 150 g Honig
Puderzucker zum Bestäuben

Für ca. 40 Stück
⌚ 40 Min. Zubereitung | 30 Min. Backen
Pro Stück ca. 105 kcal, 1 g EW, 5 g F, 13 g KH

1 Die Nüsse grob hacken, in einer Pfanne bei mittlerer Hitze kurz rösten, vom Herd nehmen und die Pistazien untermischen. Kandierte Früchte klein würfeln und mit Gewürzen und Mehl untermischen.

2 Den Backofen auf 150° (Umluft 140°) vorheizen. Eine eckige Form (ca. 13 x 23 cm) mit Backpapier auskleiden. Den Boden der Form mit den Oblaten auslegen, falls nötig die Oblaten zuschneiden.

3 Zucker und Honig in einem weiten (antihaftbeschichteten) Topf bei mittlerer Hitze unter Rühren erhitzen, bis der Zucker geschmolzen ist. Die Nussmischung gründlich untermischen, alles sofort in die Form füllen und glatt drücken. Die Panforte im Ofen (Mitte) ca. 30 Min. backen. Dann aus der Form stürzen und das Papier abziehen. Panforte wenden, und mit Puderzucker bestäuben, die Ränder gerade schneiden. Panforte in ca. 2,5 cm große Würfel teilen.

links: Panforte-Würfel | rechts: Pinienseufzer

Nussaroma pur

Haselnussmakronen

150 g Haselnusskerne
100 g gemahlene Haselnüsse
2 Eiweiß (M)
1 Prise Salz
100 g Puderzucker
ca. 35 Oblaten (40 mm ∅)

Für ca. 35 Stück | 25 Min. Zubereitung
15 Min. Backen pro Blech
Pro Stück ca. 60 kcal, 1 g EW, 4 g F, 4 g KH

1 Den Backofen auf 150° (Umluft 140°) vorheizen, das Backblech mit Backpapier auslegen. Die Haselnusskerne fein hacken und mit den gemahlenen Haselnüssen vermischen.

2 Die Eiweiße und das Salz mit den Quirlen der Küchenmaschine oder des Handrührgeräts steif schlagen. Nach und nach den Puderzucker dazugeben und alles zu einem dickschaumigen Baiser aufschlagen. Die Nussmischung mit einem Teigspatel rasch und gleichmäßig unterheben.

3 Mithilfe von zwei Teelöffeln nach und nach die Makronenmasse auf den Oblaten verteilen, die Makronen aufs Blech setzen und im Ofen (Mitte) 13–15 Min. backen, bis sie außen schön knusprig sind und innen noch einen weichen, feuchten Kern haben. Auf einem Kuchengitter auskühlen lassen.

AUSTAUSCH-TIPP

Statt mit Haselnüssen schmecken die Makronen auch mit Mandeln, Walnüssen oder Pekannüssen. Wer möchte, kann verschiedene Nusssorten nach Geschmack miteinander mischen.

Einfach Schokolade, was sonst!

Schokomakronen

200 g Zartbitterschokolade
100 g gehäutete gemahlene Mandeln
2 Eiweiß (M)
1 Prise Salz
100 g Puderzucker
ca. 35 Oblaten (40 mm ∅)

Für ca. 35 Stück | 25 Min. Zubereitung
15 Min. Backen pro Blech
Pro Stück ca. 60 kcal, 1 g EW, 4 g F, 6 g KH

1 Den Backofen auf 150° (Umluft 140°) vorheizen, das Backblech mit Backpapier auslegen. Die Schokolade fein reiben (siehe Tipp Seite 23) und mit den Mandeln vermischen.

2 Die Eiweiße und das Salz mit den Quirlen der Küchenmaschine oder des Handrührgeräts steif schlagen. Nach und nach den Puderzucker dazugeben und alles zu einem dickschaumigen Baiser aufschlagen. Die Schokomischung mit dem Teigspatel rasch und gleichmäßig unterheben.

3 Mithilfe von zwei Teelöffeln nach und nach die Makronenmasse auf den Oblaten verteilen, die Makronen aufs Blech setzen und im Ofen (Mitte) 13–15 Min. backen, bis sie außen schön knusprig sind und innen noch einen weichen, feuchten Kern haben. Auf einem Kuchengitter auskühlen lassen.

AUSTAUSCH-TIPP

Wer kein Fan von der leicht herben Note der Zartbitterschokolade ist, nimmt stattdessen Vollmilchschokolade. Und wem die Makronen zu schokoladig sind, verwendet einfach ca. 50 g weniger Schokolade.

oben: Haselnussmakronen | unten: Schokomakronen

lecker, lecker, lecker ...

Bärentatzen

Gespickt mit Schokolade, Nüssen und Mandeln schmeckt dieses traditionelle Gebäck einfach umwerfend gut. Darauf zu warten, lohnt sich also auf alle Fälle.

50 g Vollmilchschokolade
50 g Zartbitterschokolade
100 g gemahlene Mandeln
100 g gemahlene Haselnüsse
3 TL Kakaopulver
2 Prisen frisch geriebene Muskatnuss
2 Eiweiß (M)
1 Prise Salz
100 g Zucker
kleine Bärentatzenform
Zucker zum Arbeiten

Für ca. 30 Stück | ⌚ 35 Min. Zubereitung
12 Std. Trocknen | 12 Min. Backen
Pro Stück ca. 80 kcal, 2 g EW, 5 g F, 6 g KH

1 Die Vollmilch- und Zartbitterschokolade mit der Küchenmaschine und einem entsprechenden Aufsatz oder auf einer Küchenreibe fein reiben (siehe Tipp Seite 23). Mit Mandeln, Haselnüssen, Kakaopulver und Muskat vermischen.

2 Die Eiweiße und das Salz mit den Quirlen der Küchenmaschine oder des Handrührgeräts steif schlagen. Nach und nach den Zucker dazugeben und alles zu einem dickschaumigen Baiser aufschlagen. Die Schokomischung mit einem Teigspatel rasch und gleichmäßig unterheben, sodass ein weicher, formbarer Teig entsteht (Bild 1). Zwei Backbleche mit Backpapier auslegen.

3 Aus dem Teig nach und nach kleine Kugeln (ca. 3 cm ∅) formen, diese in etwas Zucker wälzen und nicht zu fest in die Bärentatzenform drücken. Die Form umgedreht leicht auf das Blech klopfen (falls nötig mehrmals), um das Plätzchen herauszulösen (Bild 2). Zwischendurch die Form immer wieder mit dem Finger ausstreichen und mit etwas Zucker bestreuen, damit der Teig beim Herauslösen nicht kleben bleibt.

4 Ist der ganze Teig verbraucht, die Bärentatzen ca. 12 Std. (am besten über Nacht) trocknen lassen, damit sie später beim Backen kleine »Füßchen« bekommen und ihre Form gut sichtbar bleibt.

5 Am nächsten Tag den Backofen auf 150° (Umluft 140°) vorheizen. Nacheinander die Bärentatzen im Ofen (Mitte) in ca. 12 Min. goldgelb backen. Dann auf einem Kuchengitter auskühlen lassen.

SPEED-TIPP

Wem das Trocknen über Nacht zu lange dauert, bäckt die Tatzen sofort. Den Backofen auf 180° (Umluft 160°) vorheizen. Die Bleche nacheinander in den Ofen (Mitte) schieben und die Plätzchen ca. 10 Min. backen.

DEKO-TIPP

Ganz besonders attraktiv sehen Bärentatzen aus, wenn sie noch ein glattes »Fell« bekommen. Dafür die Tatzen einfach mit dem hinteren Ende in geschmolzene Zartbitter- oder Vollmilchschokolade tauchen.

1

2

mit den besten Grüßen aus der Schweiz

Basler Brunsli

100 g Zartbitterschokolade
200 g gemahlene Mandeln
1 TL Kakaopulver | 2 EL Mehl
2 Eiweiß (M) | 1 Prise Salz
100 g Zucker | 2 EL Kirschwasser oder -nektar
1 TL abgeriebene Schale von 1 Bio-Zitrone
Ausstecher (z. B. Herzen) | Zucker zum Wälzen

Für ca. 40 Stück | 30 Min. Zubereitung
2 Std. Kühlen | 12 Std. Trocknen
3 Min. Backen pro Blech
Pro Stück ca. 60 kcal, 1 g EW, 4 g F, 5 g KH

1 Schokolade fein hacken, in eine kleine Schüssel geben und über dem heißen Wasserbad schmelzen lassen. Mandeln, Kakaopulver und Mehl mischen.

2 Eiweiße und Salz mit den Quirlen des Handrührgeräts steif schlagen. Dann nach und nach unter weiterem Schlagen den Zucker dazurieseln lassen. Etwa drei Viertel der Mandelmischung, Schokolade, Kirschwasser oder -nektar und Zitronenschale dazugeben und unterrühren. Übrige Mandelmischung rasch mit den Händen unterarbeiten. Den Teig in Folie wickeln, ca. 2 Std. in den Kühlschrank legen.

3 Zwei Backbleche mit Backpapier auslegen. Den Teig auf einer bemehlten Arbeitsfläche ca. 5 mm dick ausrollen. Mit einem Ausstecher Herzen ausstechen, die Ränder in Zucker wälzen und die Plätzchen auf die Bleche legen. Bei Raumtemperatur ca. 12 Std. (am besten über Nacht) trocknen lassen.

4 Dann den Backofen auf 220° (Umluft 200°) vorheizen. Die Plätzchen im Ofen (Mitte) ca. 3 Min. backen. Auf einem Kuchengitter auskühlen lassen.

mit einem Hauch von Marzipan

Zedernbrot

1 Bio-Zitrone | 50 g Mehl
250 g gehäutete gemahlene Mandeln
2 Eiweiß (M) | 1 Prise Salz
250 g Puderzucker | 2 Tropfen Bittermandelöl
1 Pck. Bourbon Vanillezucker

Für ca. 70 Stück | 35 Min. Zubereitung
1 Std. Kühlen | 13 Min. Backen pro Blech
Pro Stück ca. 40 kcal, 2 g EW, 3 g F, 5 g KH

1 Die Zitrone heiß waschen und abtrocknen, die Schale fein abreiben und den Saft auspressen. Das Mehl und die Mandeln vermischen.

2 Eiweiße und Salz mit den Quirlen der Küchenmaschine oder des Handrührgeräts steif schlagen. Nach und nach 200 g Puderzucker, Bittermandelöl und Vanillezucker dazugeben und alles zu einem dickschaumigen Baiser aufschlagen. Die Hälfte des Zitronensafts, Zitronenschale und Mandelmischung mit einem Teigspatel rasch und gleichmäßig unterheben. Die Schüssel mit dem leicht klebrigen Teig abdecken und ca. 1 Std. in den Kühlschrank stellen.

3 Den Backofen auf 160° (Umluft 140°) vorheizen, Backblech mit Backpapier auslegen. Den Teig auf einer leicht bemehlten Arbeitsfläche zu drei Rollen (ca. 2 cm ∅) formen und in ca. 1,5 cm breite Stücke schneiden. Die Stücke nach und nach zu kleinen Brotlaiben formen, diese aufs Blech legen und mit einem Messer längs oder schräg einschneiden. Im Ofen (Mitte) in ca. 13 Min. hell backen.

4 Übrigen Puderzucker und Zitronensaft glatt verrühren und den dünnflüssigen Guss auf die heißen Plätzchen pinseln. Auf dem Blech auskühlen lassen.

oben: Zedernbrot | unten: Basler Brunsli

Traditionelles voll im Trend

Schoko-Elisenlebkuchen

Wer diese Lebkuchen einmal probiert hat, kann kaum mehr widerstehen: Innen sind sie herrlich feucht und saftig, außen von feinster Schokolade umhüllt. Was will man mehr?

100 g Zitronat und Orangeat (beide Sorten beliebig gemischt)
3 EL Rum (ersatzweise Orangensaft)
100 g gemahlene Haselnüsse
200 g gemahlene Mandeln
3 TL Lebkuchengewürz
¼ TL Backpulver
20 Oblaten (70 mm ∅)
2 Eier (M)
150 g (Roh-)Rohrzucker
1 Prise Salz
150 g Zartbitterschokolade

Für ca. 20 Stück | 50 Min. Zubereitung
1 Std. Ruhen | 20 Min. Backen pro Blech
Pro Stück ca. 200 kcal, 4 g EW, 12 g F, 17 g KH

1 Die Zitronat- und Orangeatmischung und den Rum in einen Blitzhacker geben und fein zerkleinern. Die Haselnüsse mit Mandeln, Lebkuchengewürz und Backpulver vermischen.

2 Zwei Backbleche mit Backpapier auslegen, die Oblaten darauf verteilen. Eier, Rohrzucker und Salz mit den Quirlen der Küchenmaschine oder des Handrührgeräts in ca. 5 Min. zu einer dickschaumigen Masse schlagen. Dann die Zitronat-Orangeat-Mischung sowie die Nussmischung dazugeben und vorsichtig unterheben.

3 Die Teigmasse mit einem Esslöffel in großen Haufen auf den Oblaten verteilen, dabei rundherum einen kleinen Rand frei lassen (Bild 1). Die Masse mit angefeuchteten Fingern zu ca. 1,5 cm hohen, glatten und runden Lebkuchen formen (Bild 2) und mindestens 1 Std. ruhen lassen.

4 Den Backofen auf 150° (Umluft 140°) vorheizen. Die Lebkuchen im Ofen (Mitte) 15–20 Min. backen, bis sie außen ganz leicht Farbe bekommen und fest werden, aber innen noch weich und feucht sind. Die Lebkuchen auf dem Blech auskühlen lassen.

5 Die Schokolade fein hacken, in eine kleine Schüssel geben und über dem heißen Wasserbad schmelzen lassen. Die Lebkuchen dünn mit der Schokolade bestreichen und trocknen lassen.

AUSTAUSCH-TIPPS

Ebenfalls sehr fein schmecken die Lebkuchen, wenn man die Haselnüsse und Mandeln durch die entsprechende Menge Walnüsse oder Pekannüsse ersetzt. Schön fruchtig werden sie mit getrockneten Aprikosen und Limetten- oder Orangensaft, was anstatt des Zitronats, Orangeats und Rums in die Teigmasse kommt.

DEKO-TIPP

Bevor die Schokolade trocknet, die Lebkuchen mit ein paar Mandelhälften (eventuell vorher kurz anrösten und auskühlen lassen) verzieren.

1

2

Schokolade satt

Brownies

200 g Zartbitterschokolade
150 g Vollmilchschokolade
100 g Butter
100 g gemahlene Mandeln
2 gehäufte EL Mehl
100 g Zucker
5 Eier (M) | 1 Prise Salz
1 Brownie-Form (ca. 24 x 24 cm)

Für ca. 65 Stück
20 Min. Zubereitung | 18 Min. Backen
Pro Stück ca. 65 kcal, 1 g EW, 4 g F, 5 g KH

1 Die beiden Schokoladensorten getrennt nicht zu fein hacken. Je 100 g Zartbitter- und Vollmilchschokolade sowie die Butter in einem kleinen Topf unter Rühren bei kleiner Hitze schmelzen lassen.

2 Den Backofen auf 200° (Umluft 180°) vorheizen, die Brownie-Form mit Backpapier auskleiden. Die Mandeln mit dem Mehl vermischen.

3 Zucker, Eier und Salz mit den Quirlen des Handrührgeräts nur verrühren, nicht schaumig schlagen. Dann die Schoko-Butter-Mischung unterrühren, die Mandel-Mehl-Mischung zügig unterziehen. Den Teig in der Form verteilen und glatt streichen. Mit übriger Vollmilchschokolade bestreuen und leicht in den Teig drücken. Im Ofen (Mitte) 15–18 Min. backen. In der Form auskühlen lassen.

4 Die restliche Zartbitterschokolade in eine kleine Schüssel geben und über dem heißen Wasserbad schmelzen lassen. Den Kuchen mit der Schokolade bestreichen und trocknen lassen. Dann den Kuchen in ca. 3 cm große Brownies schneiden.

ganz simpel und echt crispy

Schoko-Cookies XL

150 g Zartbitter- und Vollmilchschokolade (beide Sorten beliebig gemischt) | 150 g Mehl
½ TL Backpulver | 1 TL Kakaopulver
100 g weiche Butter | 80 g Zucker
1 Prise Salz | 1 zimmerwarmes Ei (M)

Für ca. 20 Stück | 20 Min. Zubereitung
14 Min. Backen pro Blech
Pro Stück ca. 125 kcal, 2 g EW, 7 g F, 13 g KH

1 Den Backofen auf 180° (Umluft 160°) vorheizen, Backblech mit Backpapier auslegen. Beide Schokosorten grob hacken, mischen und 50 g davon in einem Topf bei kleiner Hitze schmelzen lassen. Das Mehl mit Back- und Kakaopulver vermischen.

2 Butter, Zucker und Salz mit den Quirlen des Handrührgeräts cremig schlagen, dann das Ei und die geschmolzene Schokolade unterschlagen. Die Mehlmischung und gehackte Schokolade auf einmal dazugeben und rasch unterarbeiten.

3 Mithilfe von zwei Teelöffeln nach und nach etwas Teig abnehmen und in etwas größeren Häufchen (ca. 4 cm ∅) auf das Blech setzen – unbedingt mit reichlich Abstand, da der Teig kräftig zerläuft. Im Ofen (Mitte) 12–14 Min. backen. Auf einem Kuchengitter auskühlen lassen.

DEKO-TIPP

50–100 g Zartbitterschokolade sanft schmelzen lassen, in einen Dekor-Spritzbeutel oder eine selbst gemachte Spritztüte (siehe Seite 7) füllen, verschließen. Von der Spitze eine winzige Ecke abschneiden. Cookies mit der Schokolade verzieren – kleine Sternchen, Tupfen oder feine gerade oder wellenförmige Linien »aufmalen«.

links: Brownies | rechts: Schoko-Cookies XL

Fruchtig & aromatisch

Getrocknete Früchte, Konfitüren, Gewürze und viele andere kraftvolle Aromageber spielen in diesem Kapitel die Hauptrolle. Wer also auf der Suche nach Plätzchen mit dem gewissen Etwas ist, liegt hier goldrichtig. Wichtig: Gebäck mit einer besonders intensiven Würze extra lagern, damit es das Aroma bei sich behält.

Spitzbuben

250 g Mehl
1 Eigelb (M) | 1 Prise Salz
150 g kalte Butter
100 g feinster Zucker
1 Pck. Bourbon Vanillezucker
150 g Aprikosenkonfitüre
Puderzucker zum Bestäuben
Ausstecher (z. B. Sterne)

Für ca. 35 Stück | 1 Std. Zubereitung
2 Std. Kühlen | 12 Min. Backen pro Blech
Pro Stück ca. 80 kcal, 1 g EW, 4 g F, 10 g KH

1 Mehl auf die Arbeitsfläche häufen, in die Mitte eine Mulde drücken, Eigelb und Salz hineingeben. Am Rand die Butter in Flöckchen, Zucker und den Vanillezucker verteilen. Alles gut durchhacken und rasch zu einem glatten Mürbeteig verkneten. In Folie wickeln, ca. 2 Std. in den Kühlschrank legen.

2 Den Backofen auf 180° (Umluft 160°) vorheizen, Backblech mit Backpapier auslegen. Den Teig auf einer leicht bemehlten Arbeitsfläche ca. 3 mm dick ausrollen. Nach und nach mit einem Ausstecher Sterne ausstechen und aufs Blech legen. Aus der Hälfte der Sterne kleine Sterne ausstechen, sodass sie ein »Loch« in der Mitte haben. Die Plätzchen im Ofen (Mitte) in 10–12 Min. goldgelb backen. Auf einem Kuchengitter auskühlen lassen.

3 Die Aprikosenkonfitüre in einem kleinen Topf leicht erwärmen. Die Konfitüre mit einem Teelöffel auf den ganzen Sternen verteilen, dabei rundherum einen kleinen Rand frei lassen. Die Plätzchen mit dem Loch mit etwas Puderzucker bestäuben und auf die mit Konfitüre bestrichenen Sterne setzen, diese dabei leicht andrücken.

weihnachtlich erfrischend | zum Ausstechen

Orangenbäumchen

Frische und kandierte Orangen geben hier den Ton an und machen die Plätzchen zum aromatischen Weihnachtshit. Voraussetzung: kandierte Früchte von 1a-Qualität kaufen!

50 g kandierte Orangen | 1 Bio-Orange | 200 g Mehl | 1/4 TL Backpulver | 1 Eigelb (M) | 1 Prise Salz | 100 g kalte Butter | 80 g (Roh-)Rohrzucker | 150 g Puderzucker | Tannenbaumausstecher

Für ca. 40 Stück | 30 Min. Zubereitung
10 Min. Backen pro Blech
Pro Stück ca. 65 kcal, 1 g EW, 2 g F, 10 g KH

1 Kandierte Orangen fein hacken. Bio-Orange heiß waschen, Schale fein abreiben und Saft auspressen. Das Mehl mit Backpulver, kandierten Orangen und der Orangenschale vermischen und auf die Arbeitsfläche häufen, in die Mitte eine Mulde drücken. 1 EL Orangensaft, Eigelb und Salz in die Mulde geben, am Rand Butter in Flöckchen (1 TL zurückbehalten) und Rohrzucker verteilen. Alles gut durchhacken und rasch zu einem glatten Mürbeteig verkneten.

2 Den Backofen auf 180° (Umluft 160°) vorheizen, das Backblech mit Backpapier auslegen. Den Teig auf einer leicht bemehlten Arbeitsfläche ca. 5 mm dick ausrollen. Mit einem Ausstecher Tannenbäume ausstechen, nach und nach aufs Blech legen und im Ofen (Mitte) in 8–10 Min. goldgelb backen.

3 In einem kleinen Topf zurückbehaltene Butter und 5 EL Orangensaft erhitzen, Puderzucker glatt unterrühren. Guss auf die noch warmen Plätzchen pinseln. Auf einem Kuchengitter auskühlen lassen.

DEKO-TIPP

50 g kandierte Orangen sehr fein hacken und mit 2–3 EL weißem Zucker mischen. Als »Schnee« auf den noch weichen Guss der Tannenbaumzweige streuen.

der Klassiker unter den Makronen

Kokosmakronen

2 Eiweiß (M) | 1 Prise Salz | 150 g Puderzucker | 150 g Kokosraspel | 30 Oblaten (50 mm ∅)

Für ca. 30 Stück | 20 Min. Zubereitung
17 Min. Backen pro Blech
Pro Stück ca. 50 kcal, 1 g EW, 3 g F, 6 g KH

1 Den Backofen auf 150° (Umluft 140°) vorheizen, Backblech mit Backpapier auslegen. Die Eiweiße und das Salz mit den Quirlen der Küchenmaschine oder des Handrührgeräts steif schlagen. Nach und nach den Puderzucker dazugeben und alles zu einem dickschaumigen Baiser aufschlagen. Die Kokosraspel mit einem Teigspatel rasch und gleichmäßig unterheben.

2 Mithilfe von zwei Teelöffeln nach und nach die Makronenmasse auf den Oblaten verteilen, die Makronen aufs Blech setzen und im Ofen (Mitte) 15–17 Min. backen, bis sie außen knusprig sind und innen noch einen weichen, feuchten Kern haben. Auf einem Kuchengitter auskühlen lassen.

Vitamin C für die Keksdose

Cranberrymakronen

150 g getrocknete Cranberrys (ersatzweise Aprikosen) | je 50 g gemahlene Mandeln und Haselnüsse | 1 TL Vanillemark | 2 Eiweiß (M) | 1 Prise Salz | 100 g Puderzucker | 30 Oblaten (50 mm ∅)

Für ca. 30 Stück | 25 Min. Zubereitung
17 Min. Backen pro Blech
Pro Stück ca. 50 kcal, 1 g EW, 2 g F, 8 g KH

1 Backofen auf 150° (Umluft 140°) vorheizen, Backblech mit Backpapier auslegen. Die Cranberrys fein hacken, mit Mandeln, Haselnüssen und Vanillemark vermischen. Die Eiweiße mit Salz steif schlagen, nach und nach den Puderzucker dazugeben und alles zu einem dickschaumigen Baiser aufschlagen. Die Cranberrymischung unterheben.

2 Die Makronenmasse auf den Oblaten verteilen, Makronen aufs Blech setzen und im Ofen (Mitte) 15–17 Min. backen, bis sie außen knusprig sind und innen noch einen weichen, feuchten Kern haben. Auf einem Kuchengitter auskühlen lassen.

Danke, Italien!

Florentiner

100 g kandierte Früchte (z. B. Aprikosen, Feigen, Pfirsiche, Kirschen, Birnen, Quitten)
150 g Sahne | 50 g Butter | 100 g Zucker
1 Pck. Vanillezucker | 1 Msp. Zimtpulver
3 Tropfen Bittermandelöl | 2 EL Honig
200 g Mandelblättchen | 2 EL Mehl
100 g Zartbitterschokolade

Für ca. 25 Stück | 1 Std. Zubereitung
8 Min. Backen pro Blech
Pro Stück ca. 140 kcal, 2 g EW, 9 g F, 11 g KH

1 Den Backofen auf 180° (Umluft 160°) vorheizen, Backblech mit Backpapier auslegen. Die kandierten Früchte klein würfeln.

2 Sahne mit Butter, Zucker, Vanillezucker, Zimtpulver, Bittermandelöl und Honig in einem weiten Topf (antihaftbeschichtet) aufkochen und unter Rühren bei starker Hitze 2–3 Min. kochen lassen, bis die Masse goldbraun ist. Früchte und Mandelblättchen unterrühren. Das Mehl darübersieben und gut unterrühren. Den Topf vom Herd ziehen.

3 Nach und nach mit einem Esslöffel die Masse in Häufchen mit etwas Abstand aufs Blech setzen, dabei etwas flach drücken (ca. 6 cm ∅). Im Ofen (Mitte) in 7–8 Min. hellbraun backen. Herausnehmen und sofort mit zwei Esslöffeln die Ränder der Florentiner leicht zusammenschieben und rund formen. Auf dem Blech auskühlen lassen.

4 Die Schokolade fein hacken, in eine kleine Schüssel geben und über dem heißen Wasserbad schmelzen lassen. Die Unterseiten der Florentiner dünn damit einpinseln und trocknen lassen.

Beschwipstes zum Naschen

Rumrosinenhäufchen

100 g Rosinen
50 ml Rum
200 g Mehl
¼ TL Backpulver
100 g weiche Butter
100 g Zucker
1 Prise Salz
1 zimmerwarmes Ei (M)
Puderzucker zum Bestäuben (nach Belieben)

Für ca. 35 Stück | 15 Min. Zubereitung
2 Std. Marinieren | 14 Min. Backen pro Blech
Pro Stück ca. 70 kcal, 1 g EW, 3 g F, 9 g KH

1 Die Rosinen in einem kleinen Topf verteilen, sodass sie den Boden bedecken. Den Rum dazugießen und erhitzen. Vom Herd ziehen, die Rosinen abdecken und ca. 2 Std. marinieren und quellen lassen, bis der Rum fast aufgesogen ist.

2 Den Backofen auf 180° (Umluft 160°) vorheizen, Backblech mit Backpapier auslegen. Das Mehl mit dem Backpulver vermischen.

3 Die Butter mit Zucker und Salz mit den Quirlen des Handrührgeräts cremig schlagen. Dann das Ei unterschlagen. Zum Schluss die Mehlmischung auf einmal dazugeben und rasch unterarbeiten, die Rosinen samt übrigem Rum untermengen.

4 Nach und nach mit den Händen etwas Teig abnehmen und in kleinen Häufchen (oder Kugeln, ca. 2,5 cm ∅) aufs Blech setzen. Im Ofen (Mitte) in 12–14 Min. goldgelb backen. Auf einem Kuchengitter auskühlen lassen. Die Rumrosinenhäufchen nach Belieben mit Puderzucker bestäuben.

links: Florentiner | rechts: Rumrosinenhäufchen

CT·R

Hingucker mit langer Tradtion

Springerle

Diese Plätzchen bestechen zum einen durch ihre Form, die sie durch spezielle Model erhalten. Zum anderen verleiht ihnen Anis etwas Besonderes. Probieren lohnt sich!

2 Eier (M)
200 g Zucker
2 Pck. Vanillezucker
1 Prise Salz
1 TL abgeriebene Schale von 1 Bio-Zitrone (nach Belieben)
250 g Mehl
Anissamen fürs Backblech (nach Belieben)
Springerle-Model (Figuren/Motive und Größen nach Wahl)

Für ca. 15 Stück | 45 Min. Zubereitung
12–24 Std. Trocknen | 25 Min. Backen pro Blech
Pro Stück ca. 130 kcal, 3 g EW, 1 g F, 27 g KH

1 Die Eier mit Zucker, Vanillezucker, Salz und nach Belieben mit Zitronenschale mit den Quirlen der Küchenmaschine oder des Handrührgeräts in ca. 5 Min. zu einer schaumigen Creme schlagen. Unter weiterem Rühren das Mehl dazugeben und unterarbeiten. Zum Schluss alles mit der Hand kurz durchkneten, bis ein weicher Teig entstanden ist.

2 Den Teig 5–10 Min. stehen lassen. Inzwischen das Backblech mit Backpapier auslegen und nach Belieben mit Anissamen ausstreuen. Die Model hauchdünn mit Mehl bestäuben.

3 Den Teig auf einer gut bemehlten Arbeitsfläche ca. 1 cm dick ausrollen, dabei nicht zu viel Druck mit dem Nudelholz ausüben und den Teig zum Schluss mit ganz wenig Mehl bestäuben.

4 Die Model nach und nach mit der Mulde nach unten gleichmäßig in den Teig drücken und wieder abnehmen. Die eingedrückten Figuren/Motive entlang des sich abzeichnenden Modelrandes mit dem Messer ausschneiden. Die Springerle auf das Blech legen, überschüssiges Mehl mit einem Pinsel entfernen und die Springerle bei Raumtemperatur trocknen lassen (siehe Tipp unten).

5 Am nächsten Tag den Backofen auf 150° (Umluft ist ungeeignet) vorheizen. Die Springerle im Ofen (unten) in 10–25 Min. ganz hell backen (siehe Tipp unten). Auf einem Kuchengitter auskühlen lassen.

TIPP – SPRINGERLE TROCKNEN UND BACKEN

Kleine Springerle (ca. 5 cm ∅) ca. 12 Std. bei Raumtemperatur trocknen lassen, größere (ca. 10 cm ∅) ca. 24 Std. und noch größere Motive ein paar Stunden mehr. Durch das Trocknen vor dem Backen erhält der Teig oben eine gewisse Festigkeit. Beim Backen geht dann das Gebäck unten auf und erhält so seine bekannten »Füßchen«. Die Backtemperatur sollte nicht zu hoch sein (150°–160°), damit die Springerle fast ganz weiß bleiben. Die Backzeit ist je nach Größe der Plätzchen unterschiedlich und muss kontrolliert werden.

TIPP – MODEL REINIGEN

Die Model am besten sofort nach Gebrauch abwaschen und mit einer Bürste reinigen. Sollten eingetrocknete Teigreste in den Vertiefungen sein, die Model vorher ins Wasser legen, bis die Teigreste aufgeweicht sind.

Lebkuchen trifft Cookie

Xmas-Cookies XL

100 g Mandeln | 50 g Orangeat und Zitronat
150 g Mehl | ½ TL Backpulver
1 TL Lebkuchengewürz
100 g weiche Butter | 80 g Zucker
1 Prise Salz
1 zimmerwarmes Ei (M)
1 TL Bittermandelöl
2 EL Orangenlikör (ersatzweise Orangensaft)

Für ca. 20 Stück | 20 Min. Zubereitung
14 Min. Backen pro Blech
Pro Stück ca. 120 kcal, 2 g EW, 7 g F, 12 g KH

1 Den Backofen auf 180° (Umluft 160°) vorheizen, Backblech mit Backpapier auslegen. Die Mandeln grob hacken, Orangeat und Zitronat fein hacken. Mandeln, Orangeat und Zitronat mit Mehl, Backpulver und Lebkuchengewürz gründlich vermischen.

2 Butter, Zucker und Salz mit den Quirlen des Handrührgeräts cremig schlagen, dann Ei, Bittermandelöl und Likör unterschlagen. Die Mehlmischung auf einmal dazugeben, rasch unterarbeiten.

3 Mithilfe von zwei Teelöffeln Teig abnehmen und in etwas größeren Häufchen (ca. 4 cm ∅) aufs Blech setzen – unbedingt mit reichlich Abstand, da der Teig kräftig zerläuft –, dabei etwas flach drücken. Im Ofen (Mitte) in 12–14 Min. goldgelb backen. Auf einem Kuchengitter auskühlen lassen.

AUSTAUSCH-TIPP

Noch feiner schmecken die Cookies, wenn Sie anstatt Orangeat und Zitronat kandierte Kirschen, Feigen und Pfirsiche nehmen.

echte USA-Klassiker | zum Ausstechen

Gingerbread-Bären

100 g weiche Butter
80 g (Roh-)Rohrzucker
100 g Zuckerrübensirup
1 zimmerwarmes Ei (Größe M)
300 g Mehl | ½ TL Backpulver
1 EL gemahlener Ingwer | 1 TL Zimtpulver
je ¼ TL gemahlene Nelken und Muskatblüte
sowie gemahlenes Piment | ½ TL Salz
Ausstecher (z. B. Bären)

Für ca. 30 Stück | 50 Min. Zubereitung
2 Std. Kühlen | 7 Min. Backen pro Blech
Pro Stück ca. 80 kcal, 1 g EW, 3 g F, 12 g KH

1 Die Butter und den Zucker mit den Quirlen des Handrührgeräts cremig schlagen. Dann nacheinander Zuckerrübensirup und Ei unterrühren.

2 Das Mehl mit Backpulver, Gewürzen und Salz vermischen und zur Buttermasse geben, rasch unterrühren. Den Teig zu einer Kugel verkneten, in Folie wickeln, ca. 2 Std. in den Kühlschrank legen.

3 Den Backofen auf 200° (Umluft 180°) vorheizen, Backblech mit Backpapier auslegen. Den Teig auf der leicht bemehlten Arbeitsfläche ca. 5 mm dick ausrollen. Mit einem Ausstecher kleine Bären ausstechen, nach und nach aufs Blech legen und im Ofen (Mitte) in 5–7 Min. goldgelb backen. Auf einem Kuchengitter auskühlen lassen.

DEKO-TIPP

Besonders hübsch sehen die Bären aus, wenn sie noch ein weißes Fell bekommen: Nach und nach mit wenig Eiweiß einpinseln und mit grobem Zucker bestreuen.

oben: Gingerbread-Bären | unten: Xmas-Cookies XL

brauchen Zeit zum Lagern

Aachener Printen

50 g Orangeat
je 1 TL Zimtpulver, gemahlener Koriander und Anis | ½ TL gemahlener Ingwer
je 2 Prisen gemahlene Nelken, gemahlenes Kardamom, gemahlenes Piment
150 g Zuckerrübensirup | 50 g brauner Zucker
100 g Honig | 1 TL Pottasche
100 g brauner Krümelkandis | 250 g Mehl

Für ca. 20 Stück | 25 Min. Zubereitung
12 Std. Ruhen | 15 Min. Backen
Pro Stück ca. 120 kcal, 1 g EW, 1 g F, 27 g KH

1 Das Orangeat fein hacken und mit den Gewürzen vermischen. Sirup, Zucker und Honig in einem Topf (am besten antihaftbeschichtet) unter Rühren erhitzen, bis der Zucker gelöst ist. Die Pottasche in 2 EL lauwarmem Wasser auflösen.

2 Sirupmasse in eine Schüssel umfüllen. Kandis, Gewürzmischung, Pottasche und Mehl mit den Knethaken des Handrührgeräts unterarbeiten. Teig abdecken, bei Raumtemperatur 12 Std. ruhen lassen.

3 Den Backofen auf 180° (Umluft 160°) vorheizen, Backblech mit Backpapier auslegen. Teig auf der leicht bemehlten Arbeitsfläche zu einem ca. 1 cm dicken Rechteck (ca. 20 x 28 cm) ausrollen. Den Teig in kleinere Rechtecke (ca. 4 x 7 cm) schneiden, aufs Blech legen und im Ofen (Mitte) ca. 15 Min. backen. Auf einem Kuchengitter auskühlen lassen.

TIPP – SCHÖNER GLANZ

Wenn man die noch heißen Printen dünn mit Zuckersirup bepinselt, erhalten sie ihren typischen Glanz.

Bestes aus der Schweiz

Basler Leckerli

1 Bio-Zitrone | 100 g Zitronat und Orangeat
300 g Mehl | 1 TL Backpulver
150 g gehackte Mandeln
200 g Honig | 150 g (Roh-)Rohrzucker
1 TL Zimtpulver | ¼ TL gemahlener Ingwer
je 2 Msp. gemahlene Nelken und frisch geriebene Muskatnuss | 2 Prisen Salz
5 EL Kirschwasser (ersatzweise Kirschnektar)
50 g Puderzucker

Für ca. 55 Stück | 35 Min. Zubereitung
12 Std. Ruhen | 18 Min. Backen
Pro Stück ca. 70 kcal, 1 g EW, 2 g F, 12 g KH

1 Zitrone heiß waschen, Schale fein abreiben und Saft auspressen. Zitronat und Orangeat fein hacken, mit Mehl, Backpulver und Mandeln vermischen.

2 Honig, Zucker, Gewürze und Salz in einem Topf (am besten antihaftbeschichtet) unter Rühren erhitzen, bis der Zucker gelöst ist, dann in eine Schüssel umfüllen. Mehlmischung, Zitronensaft und -schale mit den Knethaken des Handrührgeräts unterarbeiten. Dann den Teig mit den Händen durchkneten, dabei 2 EL Kirschwasser dazugeben. Abgedeckt bei Raumtemperatur ca. 12 Std. ruhen lassen.

3 Den Backofen auf 200° (Umluft 180°) vorheizen, Backblech mit Backpapier auslegen. Teig auf dem Blech zu einem 1 cm dicken Quadrat (28 x 28 cm) ausrollen, die Ränder möglichst glatt formen. Im Ofen (Mitte) 15–18 Min. backen. Puderzucker mit übrigem Kirschwasser verrühren, heiße Gebäckplatte dünn damit bepinseln. In Rechtecke (3 x 4 cm) schneiden, auf dem Kuchengitter auskühlen lassen.

links: Basler Leckerli | rechts: Aachener Printen

so feiert Süddeutschland Advent

Pfeffernüsse

50 g Orangeat und Zitronat
je ½ TL Zimtpulver und gemahlenes Piment
¼ TL gemahlene Nelken
je 2 Msp. gemahlenes Kardamom, gemahlener Pfeffer und frisch geriebene Muskatnuss
200 g Mehl | 2 TL Backpulver
50 g gehäutete gemahlene Mandeln
2 Eier (M) | 250 g Puderzucker
1 EL Honig | 1 Prise Salz
3 TL frisch gepresster Zitronensaft

Für ca. 45 Stück
35 Min. Zubereitung | 2 Std. Kühlen
12 Std. Trocknen | 20 Min. Backen pro Blech
Pro Stück ca. 55 kcal, 1 g EW, 1 g F, 10 g KH

1 Das Orangeat und Zitronat fein hacken und mit Gewürzen, Mehl, Backpulver und den Mandeln vermischen. Zwei Backbleche mit Backpapier auslegen.

2 Die Eier mit 200 g Puderzucker, Honig und Salz mit den Quirlen der Küchenmaschine oder des Handrührgeräts in ca. 5 Min. zu einer dickschaumigen Masse schlagen. Die Mehlmischung dazugeben, alles zu einem weichen Teig verarbeiten. Abgedeckt ca. 2 Std. in den Kühlschrank stellen. Dann den Teig zu kleinen Kugeln (ca. 3 cm ∅) formen und mit ausreichend Abstand auf die Bleche setzen. Bei Raumtemperatur ca. 12 Std. trocknen lassen.

3 Backofen auf 150° (Umluft 140°) vorheizen. Die Pfeffernüsse im Ofen (Mitte) in ca. 20 Min. goldgelb backen. Auf einem Kuchengitter auskühlen lassen. Den übrigen Puderzucker mit Zitronensaft verrühren, den Guss auf die Pfeffernüsse pinseln.

mit dem Duft von Honig | zum Ausstechen

Honiglebkuchen

350 g Mehl | ½ Pck. Backpulver
50 g gemahlene Mandeln
1 EL Lebkuchengewürz | 1 TL Zimtpulver
1 TL Kakaopulver | 1 Prise Salz
150 g Honig | 100 g (Roh-)Rohrzucker
100 g Butter | 1 Ei (M) | Ausstecher
(z. B. Schneemänner oder Tannenbäume)

Für ca. 45 Stück | 40 Min. Zubereitung
10 Min. Backen pro Blech
Pro Stück ca. 70 kcal, 1 g EW, 3 g F, 11 g KH

1 Backofen auf 200° (Umluft 180°) vorheizen, Blech mit Backpapier auslegen. Mehl mit Backpulver, Mandeln, Gewürzen, Kakaopulver und Salz vermischen.

2 Honig, Zucker und Butter in einem Topf (antihaftbeschichtet) unter Rühren erhitzen, bis der Zucker gelöst ist, dann in eine Schüssel umfüllen. Kurz abkühlen lassen. Mehlmischung und Ei mit den Knethaken des Handrührgeräts unterarbeiten.

3 Teig auf einer leicht bemehlten Arbeitsfläche 6–7 mm dick ausrollen. Schneemänner oder Tannenbäume ausstechen, nach und nach aufs Blech legen und im Ofen (Mitte) ca. 10 Min. backen. Auf einem Kuchengitter auskühlen lassen.

DEKO-TIPP

Fast ein Muss: Den Plätzchen Gestalt zu geben. Dafür 1 Eiweiß (M) und 100 g Puderzucker zu einem dicklichen Guss aufschlagen. In eine Spritztüte (siehe Seite 7) füllen, verschließen. Vom Tütchen an der Spitze eine winzige Ecke abschneiden, die Plätzchen mit dem Guss verzieren. Nach Belieben mit Dekor-Zucker bestreuen.

links: Honiglebkuchen | rechts: Pfeffernüsse

kleine Leckerbissen

Bethmännchen

ca. 60 g (gehäutete) Mandeln
250 g Marzipanrohmasse
2 EL Rosenwasser (aus der Apotheke)
1 Eiweiß (M)
50 g Puderzucker
1 Pck. Vanillezucker
2 leicht gehäufte EL Mehl
100 g gehäutete gemahlene Mandeln

Für ca. 45 Stück | 35 Min. Zubereitung
15 Min. Backen pro Blech
Pro Stück ca. 50 kcal, 1 g EW, 3 g F, 6 g KH

1 Die Mandeln mit einem kleinen Messer längs in zwei Hälften teilen. Backofen auf 160° (Umluft 140°) vorheizen, Backblech mit Backpapier auslegen.

2 Die Marzipanrohmasse grob würfeln, mit dem Rosenwasser in eine Schüssel geben und mit einer Gabel zerdrücken. Das Eiweiß, Puder- und Vanillezucker, Mehl und gemahlene Mandeln dazugeben und alles mit den Händen gut zu einem leicht klebrigen Teig verkneten.

3 Aus dem Teig mit den Händen kleine Kugeln (ca. 2,5 cm ∅) formen, nach und nach aufs Blech setzen, längs je 3 Mandelhälften andrücken. Die Plätzchen im Ofen (Mitte) in 15–17 Min. goldgelb backen. Auf einem Kuchengitter auskühlen lassen.

VARIANTE – MIT EIGELB

Wer möchte, kann den Bethmännchen noch Glanz und zusätzliches Aroma verleihen. Einfach nach dem Formen die Teigkugeln mit wenig Eigelb bepinseln und die Mandelhälften andrücken, dann backen.

heute mal mit Mandeln

Spekulatius

250 g Mehl | ½ TL Backpulver
50 g gehäutete gemahlene Mandeln
100 g weiche Butter | 100 g Zucker
1 Pck. Vanillezucker | 2 TL Spekulatiusgewürz
1 Prise Salz | 1 zimmerwarmes Ei (M)
50 g Mandelblättchen

Für ca. 40 Stück | 25 Min. Zubereitung
1 Std. Kühlen | 12 Min. Backen pro Blech
Pro Stück ca. 65 kcal, 1 g EW, 3 g F, 7 g KH

1 Das Mehl mit Backpulver und den gemahlenen Mandeln vermischen. Die Butter mit Zucker, Vanillezucker, Spekulatiusgewürz und dem Salz mit den Quirlen des Handrührgeräts cremig schlagen. Dann das Ei unterschlagen, die Mehlmischung auf einmal dazugeben und rasch unterarbeiten. Den Teig in Folie wickeln, ca. 1 Std. in den Kühlschrank legen.

2 Den Backofen auf 200° (Umluft 180°) vorheizen, zwei Backbleche mit Backpapier auslegen und mit den Mandelblättchen bestreuen.

3 Teig auf einer leicht bemehlten Arbeitsfläche zu einem 3–4 mm dicken Rechteck (ca. 30 x 40 cm) ausrollen, die Ränder gerade schneiden. Das Teigrechteck in kleine Rechtecke (ca. 4 x 6 cm) schneiden, die Rechtecke auf die Bleche legen und nacheinander im Ofen (Mitte) in ca. 12 Min. goldgelb backen. Auf einem Kuchengitter auskühlen lassen.

GUT ZU WISSEN

Eigentlich werden Spekulatius wie Springerle (siehe Seite 47) mit Modeln geformt. Die oben beschriebene Variante geht schneller, schmeckt aber genauso gut.

links: Spekulatius | rechts: Bethmännchen

Aroma pur! | zum Ausstechen

Zimtsterne

Richtig gebacken, also nicht zu trocken, krönen Zimtsterne jede Plätzchendose, keiner kann dazu Nein sagen. Die herrlich zuckrig-weiße »Haube« macht sie besonders schön.

400 g gemahlene Mandeln
3 TL Zimtpulver
3 Eiweiß (M)
1 Prise Salz
200 g Puderzucker
2 Pck. Vanillezucker
1 EL frisch gepresster Zitronensaft
Sternausstecher
etwas Puderzucker zum Arbeiten

Für ca. 35 Stück | 50 Min. Zubereitung
15 Min. Backen pro Blech
Pro Stück ca. 90 kcal, 2 g EW, 6 g F, 7 g KH

1 Zwei Backbleche mit Backpapier auslegen. Die Mandeln mit dem Zimtpulver vermischen.

2 2 Eiweiß und das Salz mit den Quirlen der Küchenmaschine oder des Handrührgeräts steif schlagen. Nach und nach 100 g Puderzucker und den Vanillezucker dazugeben und alles zu einem dickschaumigen Baiser aufschlagen. Die Mandelmischung mit einem Teigspatel rasch und gleichmäßig unter die Baisermasse heben.

3 Den feuchten, leicht klebrigen Teig zwischen Frischhaltefolie ca. 1 cm dick ausrollen (Bild 1). Die obere Folie abziehen und aus dem Teig mit einem Ausstecher Sterne ausstechen. Dabei die Form immer wieder in etwas Puderzucker tauchen, damit sich die Plätzchen gut davon ablösen. Die Sterne von der unteren Folie lösen und auf die Bleche legen.

4 Den Backofen auf 150° (Umluft 140°) vorheizen. Übriges Eiweiß mit den Quirlen der Küchenmaschine oder des Handrührgeräts steif schlagen, den übrigen Puderzucker und Zitronensaft nach und nach dazugeben und alles zu einem verstreichbaren Baiser aufschlagen. Die Baisermasse dick und gleichmäßig auf die Sterne pinseln (Bild 2).

5 Die Zimtsterne nacheinander im Ofen (unten) ca. 15 Min. backen. Das Baiser soll auf alle Fälle schön weiß bleiben und der Mandelteig feucht. Auf einem Kuchengitter auskühlen lassen.

AUSTAUSCH-TIPP

Das Zimtpulver durch das Mark von 1–2 Vanilleschoten ersetzen und gehäutete gemahlene Mandeln nehmen.

VARIANTE – ORANGENTALER

Aus 400 g gemahlenen Walnüssen oder Pekannüssen, 1 Pck. Orange Back, 2 Eiweißen (M), Salz, 100 g Puderzucker und 2 Pck. Vanillezucker wie beschrieben einen Teig zubereiten. Den Teig ausrollen und mit einem Ausstecher ca. 35 Kreise (ca. 4 cm ∅) ausstechen, auf die mit Backpapier belegten Bleche geben. 1 Eiweiß (M), 100 g Puderzucker und 1 EL frisch gepressten Orangensaft zu einem verstreichbaren Baiser aufschlagen und die Teigkreise damit dick und gleichmäßig einpinseln. Die Orangentaler im 150° heißen Ofen (unten, Umluft 130°) ca. 15 Min. backen.

1

2

AUSGEWÄHLT VON DER GU-KOCHBUCHREDAKTION

GU

italienischer Klassiker auf neue Art

Cantucci

Das Sieger-Rezept des Großen GU-Rezeptwettbewerbs auf Küchengötter.de! Mit ihren Cantucci auf weihnachtliche Art überzeugte Küchengöttin »auchwas« die Kochbuchredaktion.

2 Sternanis
1 Bio-Zitrone
130 g Mehl
1 Msp. Backpulver
½ TL Zimtpulver
1 Ei (M)
100 g (Roh-)Rohrzucker
20 g kalte Butter
1 EL Vanillezucker
40 g getrocknete Kirschen
50 g Mandeln
40 g Walnusskerne
50 g Schokotropfen (oder gehackte Zartbitterschokolade)

Für ca. 35 Stück
20 Min. Zubereitung | 45 Min. Backen
Pro Stück ca. 60 kcal, 1 g EW, 3 g F, 7 g KH

1 Den Sternanis im Mörser fein zerstoßen. Die Zitrone heiß waschen, abtrocknen und 1 EL Schale fein abreiben.

2 Mehl mit Back- und Zimtpulver vermischen und auf die Arbeitsfläche häufen, in die Mitte eine Mulde drücken. Ei und Zucker in die Mulde geben, am Rand die Butter in Flöckchen und den Vanillezucker verteilen. Alle Zutaten gut durchhacken und rasch zu einem glatten Mürbeteig verkneten. Dann die Kirschen, Mandeln, Walnusskerne und Schokotropfen vermischen und unterkneten.

3 Den Backofen auf 180° vorheizen, das Backblech mit Backpapier auslegen. Den Teig zu drei Rollen (à ca. 3 cm ∅) formen und auf das Blech legen. Im Ofen (Mitte, Umluft 160°) in 20–25 Min. goldgelb backen. Herausnehmen und auf dem Blech etwas abkühlen lassen.

4 Dann die Rollen mit einem scharfen Messer in ca. 1 cm breite Streifen schneiden, diese mit einer Schnittseite auf das Blech legen. Im Ofen (Mitte) bei 140° (Umluft 130°) weitere 20 Min. backen. Auf einem Kuchengitter auskühlen lassen.

Zum Gebrauch
Damit Sie Rezepte mit bestimmten Zutaten noch schneller finden können, stehen in diesem Register zusätzlich auch beliebte Zutaten wie **Schokolade** oder **Zitronat** – ebenfalls alphabetisch geordnet und **hervorgehoben** – über den entsprechenden Rezepten.

N

O

P

R

S

V/W

X/Z

Unsere Garantie

Alle Informationen in diesem Ratgeber sind sorgfältig und gewissenhaft geprüft. Sollte dennoch einmal ein Fehler enthalten sein, schicken Sie uns das Buch mit dem entsprechenden Hinweis an unseren Leserservice zurück. Wir tauschen Ihnen den GU-Ratgeber gegen einen anderen zum gleichen oder ähnlichen Thema um.

Liebe Leserin und lieber Leser,

wir freuen uns, dass Sie sich für ein GU-Buch entschieden haben. Mit Ihrem Kauf setzen Sie auf die Qualität, Kompetenz und Aktualität unserer Ratgeber. Dafür sagen wir Danke! Wir wollen als führender Ratgeberverlag noch besser werden. Daher ist uns Ihre Meinung wichtig. Bitte senden Sie uns Ihre Anregungen, Ihre Kritik oder Ihr Lob zu unseren Büchern. Haben Sie Fragen oder benötigen Sie weiteren Rat zum Thema? Wir freuen uns auf Ihre Nachricht!

Wir sind für Sie da!
Montag – Donnerstag: 8.00 – 18.00 Uhr;
Freitag: 8.00 – 16.00 Uhr
Tel.: 0180-5 00 50 54*
Fax: 0180-5 01 20 54*
*(0,14 €/Min. aus dem dt. Festnetz/ Mobilfunkpreise maximal 0,42€/Min.)
E-Mail:
leserservice@graefe-und-unzer.de

PS: Wollen Sie noch mehr Aktuelles von GU wissen, dann abonnieren Sie doch unseren kostenlosen GU-Online-Newsletter und/oder unsere kostenlosen Kundenmagazine.

GRÄFE UND UNZER VERLAG
Leserservice
Postfach 86 03 13
81630 München

Projektleitung: Tanja Dusy
Lektorat: Maryna Zimdars
Korrektorat: Mischa Gallé
Satz: Redaktionsbüro Christina Kempe, München
Layout, Typografie und Umschlaggestaltung: independent Medien-Design, Horst Moser, München
Herstellung: Claudia Labahn
Reproduktion: Wahl Media, München
Druck: Firmengruppe APPL, aprinta druck, Wemding
Bindung: Firmengruppe APPL, sellier druck, Freising

Syndication:
www.jalag-syndication.de

ISBN 978-3-8338-2110-3

1. Auflage 2010

GRÄFE UND UNZER

Ein Unternehmen der
GANSKE VERLAGSGRUPPE

Die Autorin

Christina Kempe hat ihre Leidenschaft fürs Kochen und Backen früh entdeckt und sie kurzerhand zum Beruf gemacht. Seit vielen Jahren nun arbeitet sie – mit eigenem Redaktionsbüro in München – erfolgreich als freie Kochbuchautorin, lektoriert und gestaltet Bücher und macht als Foodstylistin bei namhaften Fotografen vor allem Süßes und Gebäck schick für die Kamera. Von ihr sind bereits etliche Bücher bei GRÄFE UND UNZER erschienen.

Der Fotograf

Wolfgang Schardt kann seine Liebe für Essen und Trinken beruflich ausleben. In seinem Studio in Hamburg fotografiert er vor allem Food, Stills und Interieur für Magazine wie FEINSCHMECKER, für Verlage und Werbung. Unterstützt wurde er von Anne-Katrin Weber (Foodstyling) und Anke Politt.

Bildnachweis:

Titelfoto: Martina Görlach, München; alle anderen: Wolfgang Schardt, Hamburg

Titelbildrezepte:

Butterplätzchen (S. 10), Schneeflocken (S. 14), Vanillekipferl (S. 18) Spitzbuben (S. 41), Honiglebkuchen (S. 52), Zimtsterne (S. 56)

Die Temperaturangaben bei Gasherden variieren von Hersteller zu Hersteller. Welche Stufe Ihres Herdes der jeweils angegebenen Temperatur entspricht, entnehmen Sie bitte der Gebrauchsanweisung. Bei Elektroherden können die Backzeiten je nach Herd variieren.

Kochlust pur

Die neuen KüchenRatgeber – da steckt mehr drin

ISBN 978-3-8338-1477-8
64 Seiten

ISBN 978-3-8338-0653-7
64 Seiten

ISBN 978-3-8338-0310-9
64 Seiten

ISBN 978-3-8338-0301-7
64 Seiten

ISBN 978-3-8338-1430-3
64 Seiten

ISBN 978-3-8338-0314-7
64 Seiten

Das macht sie so besonders:

- **Neue mmmh-Rezepte** – unsere beste Auswahl für Sie
- **Praktische Klappen** – alle Infos auf einen Blick
- **Die 10 GU-Erfolgstipps** – so gelingt es garantiert

G|U

Willkommen im Leben.

küchengötter.de
powered by G|U

Einfach göttlich kochen und himmlisch speisen?

Die passenden Rezepte, Küchentipps und -tricks

in Wort und Film finden Sie ganz einfach unter:

www.küchengötter.de

Plätzchen in geheimer Mission im Einsatz

Weihnachtsplätzchen füllen nicht nur die heimische Keksdose, sie können mehr: zum Beispiel den Platz weisen, Worte und Gedanken weitergeben und verschenkt werden.

Persönliche Boten Ob nur der Name oder ein paar nette Worte – steht's auf einem Keks, ist es etwas Besonderes. Dafür Springerleteig ausrollen und Plätzchen (z. B. Herzen oder Schneeflocken) ausstechen oder Rechtecke zuschneiden. Dann mit einem Textprägeset (gibt es im Internet, Adressen siehe ganz vorne) den gewünschten Text eindrücken: »Für Susan. Danke!« oder »I wish you a merry christmas« oder etwas anderes. Jetzt nur noch backen ... und fertig ist die persönliche Botschaft.

Wer sitzt wo? Mit Plätzchen als Halter für die Namenskarte findet garantiert jeder seinen Platz. Gut geeignet dafür sind: Heidesand, Bärentatzen, Rumrosinenhäufchen und Pfeffernüsse. Aus Karton kleine Rechtecke schneiden, mit wenig Öl einpinseln und vorm Backen bzw. Trocknen in die Kekse stecken. Nach dem Backen vorsichtig entfernen und durch die echten Namenskärtchen ersetzen.

Advent, Advent, ... Ein Adventskalender zum Aufessen ist nicht nur was für Kinder: Von selbst gebackenen Plätzchen entweder 24 Stück auswählen, mit Zuckerguss Zahlen von 1 bis 24 aufmalen und die Kekse einzeln wie Bonbons in Cellophanpapier wickeln. Oder jeweils mehrere Kekse in insgesamt 24 Cellophan- oder Papiertütchen packen und die Zahlen außen anbringen. So oder so: Die Päckchen an einem Adventskranz oder einer Kordel mit Bändern befestigen und aufhängen.